Harald Müller

Energiepolitik, Nuklearexport und die Weiterverbreitung von Kernwaffen

Analyse und Dokumentation

HSFK
Hessische Stiftung Friedens- und Konfliktforschung

Verlag · Frankfurt/Main 1

CIP-Kurztitelaufnahme der Deutschen Bibliothek

Müller, Harald
Energiepolitik, Nuklearexport und die Weiterverbreitung
von Kernwaffen: Analyse u. Dokumentation. - 1. Aufl. -
Frankfurt/Main: Haag und Herchen, 1978.
ISBN 3-88129-133-4

ISBN 3-88129-133-4
©1978 by HAAG + HERCHEN Verlag GmbH,
6000 Frankfurt/Main 1, Fichardstraße 30
Alle Rechte vorbehalten
Umschlagentwurf: Herbert Meyer, Köln
Herstellung: difo-druck schmacht, Bamberg
Printed in Germany

ENERGIEPOLITIK, NUKLEAREXPORT UND DIE WEITERVERBREITUNG VON KERNWAFFEN

ZUSAMMENFASSUNG

- Die deutsche Öffentlichkeit hat die amerikanische Politik zur Verhinderung der nuklearen Proliferation als wirtschaftliche Machtpolitik mißverstanden. Die Politik der USA berücksichtigt welt- und sicherheitspolitische Konsequenzen der Kernenergie, die aus der deutschen Debatte bisher weitgehend ausgeblendet waren.

- Die Verbreitung von Kernwaffen wird nicht zu stabilen regionalen Abschreckungssystemen führen. Die Struktur der Konflikte zwischen möglichen künftigen Kernwaffenstaaten läßt in regionalen nuklearen Rüstungswettläufen sehr viel weniger Stabilität und damit höhere Kriegsrisiken erwarten als im Ost-West-Konflikt.

- Die Eindämmung der nuklearen Proliferation liegt im nationalen Interesse der Bundesrepublik:

  1. Die Nuklearisierung der Konflikte zwischen wichtigen Wirtschaftspartnern der Bundesrepublik gefährdet ihre wirtschaftspolitischen Interessen.

  2. Die Proliferation gefährdet die Ansätze zur Rüstungskontrolle und damit den Entspannungsprozeß.

  3. Die Gefahr einer Verwicklung der Großmächte in einen regionalen Nuklearkrieg beeinträchtigt die deutschen Sicherheitsinteressen.

- Der nukleare Rüstungswettlauf im Ost-West-Konflikt und der militärische und politische Prestigewert der Kernwaffen schaffen in Nicht-Kernwaffenstaaten wichtige Motivationen für eine nukleare Rüstung. Besondere Bedeutung kommt hierbei der Diskussion über den Einsatz taktischer Nuklearwaffen im Kriegsfalle zu.

- Zivile Kerntechnologie ist für die Herstellung von Kernwaffen nutzbar. Der Export aller Nuklearanlagen erleichtert den Zugang zu waffenfähigem Material und schafft bei den gegebenen Konfliktstrukturen zusätzliche Motivationen. Die verbreitete Meinung, zivile und militärische Kerntechnologie seien zu trennen, kann nicht bestätigt werden.

- Kernenergie ist nicht auf den spezifischen Energie- und Technologiebedarf der Entwicklungsländer zugeschnitten. Der Export von Nuklearanlagen in die Dritte Welt ist daher nicht entwicklungspolitisch zu begründen. Er resultiert vielmehr aus der Leitbildfunktion der Energie- und Forschungspolitik der Industriestaaten sowie der direkten finanziellen Förderung des Nuklearexports.

- Atomwaffensperrvertrag und internationale Kontrollen sind wichtige vertrauensbildende Maßnahmen; sie reichen jedoch zu einer wirksamen Verhinderung der Proliferation nicht aus. In der amerikanischen Diskussion wurden einige weiterführende Vorschläge unterbreitet. Diese Vorschläge stellen bislang die fortgeschrittenste Position in der Nicht-Weiterverbreitungspolitik dar, lassen jedoch noch wichtige Probleme offen.

- Die Politik des ungehinderten Nuklearexports fördert die Proliferation; die Politik der einseitigen Verweigerung verschärft den Nord-Süd-Konflikt. Daher ist ein umfassender politischer Ansatz notwendig, der sich an den Grundsätzen von Selbstbeschränkung, positiven Anreizen und Erweiterung der Kontrollen orientiert. Vordringliche Maßnahmen sind:

1. der unbefristete Verzicht auf Wiederaufbereitung und Schnellen Brüter sowie ein Moratorium auf den weiteren Ausbau der Kernenergie,

2. die Einrichtung eines Internationalen Fonds zur Förderung nicht-nuklearer Energiesysteme in der Dritten Welt,

3. die Untersuchung von Kontrollmöglichkeiten zur Verhinderung getarnter Aktivitäten.

ENERGIEPOLITIK, NUKLEAREXPORT UND DIE WEITERVERBREITUNG VON KERNWAFFEN

GLIEDERUNG

	Seite
EINLEITUNG	1
1. TEIL: NUKLEARE PROLIFERATION ALS WELTORDNUNGSPROBLEM	2
1. Die Gefahren einer Kernwaffenwelt	3 - 7
2. Nukleare Proliferation und Entspannungspolitik	7 - 11
3. Nukleare Proliferation und die Interessen der Bundesrepublik Deutschland	11 - 13
2. TEIL: MOTIVATIONEN UND KAPAZITÄTEN ZUR HERSTELLUNG VON KERNWAFFEN UND DIE ROLLE DER ZIVILEN TECHNOLOGIE	14
4. Motivationen	14 - 17
5. Technologische Kapazität	17 - 20
6. Zivile Nukleartechnologie als Grundlage der Waffenproduktion	21 - 25
7. Nuklearexport und die Förderung der nuklearen Proliferation	25 - 30
8. Energiebedarf in der Dritten Welt und die Energiepolitik der Industriestaaten	31 - 37

	Seite
3. TEIL: MÖGLICHKEITEN EINER DEUTSCHEN ANTI-PROLIFERATIONSPOLITIK	38
9. Der Atomwaffensperrvertrag und die Kontrollen der IAEA	38 - 42
10. Die neuere amerikanische Diskussion über das Problem der Weiterverbreitung von Kernwaffen	42 - 49
11. Plädoyer für eine umfassende Non-Proliferationspolitik	49 - 53
ANMERKUNGEN	54 - 58
DOKUMENTATION	59 - 95

EINLEITUNG

In der deutschen Kernenergie-Debatte fand das Problem der Weiterverbreitung von Kernwaffen bislang nur wenig Aufmerksamkeit (1). Beispielsweise sah man in der amerikanischen Kritik am deutschen Geschäft mit Brasilien lediglich den Versuch, einen Einbruch in den amerikanisch beherrschten Weltmarkt für Nukleartechnologie zu verhindern. Diese Interpretation geht jedoch an der Sache vorbei:

1. Nur durch das amerikanische Exportverbot für Anreicherungs- und Wiederaufbereitungsanlagen verlor das amerikanische Unternehmen Westinghouse "seinen" brasilianischen Markt an die bundesdeutsche Kraftwerks-Union.

2. Die amerikanische Regierung weigerte sich ausdrücklich, zugunsten wirtschaftlicher Interessen die Exportbeschränkungen zu lockern.

3. Die amerikanische Diskussion nach 1974 behandelt nukleare Proliferation als politisches, nicht als wirtschaftliches Problem (2).

4. Das neue amerikanische Non-Proliferationsgesetz legt der amerikanischen Nuklearindustrie Exportbeschränkungen auf, die sich auf ihre Chancen im internationalen Markt sehr nachteilig auswirken können.

Man hat daher in den USA umgekehrt den Deutschen vorgeworfen, übernationale Verwortung hinter kurzfristige ökonomische Vorteile zurückzustellen, auch in der London-Gruppe, dem informellen Zusammenschluß der Nuklearexporteure (3). Dieser weltpolitischen Gleichgültigkeit entspricht die Tendenz der bundesdeutschen Öffentlichkeit, sich auf nationale und wirtschaftliche Aspekte der Kernenergie zu konzentrieren und wichtige internationale und politische Gesichtspunkte - Proliferation und Terrorismus - zu vernachlässigen.

In den Beschlüssen der Parteitage, den Resolutionen der Kernenergiegegner und selbst in den Regierungserklärungen zur Kernenergiepolitik spielt bis in die jüngste Zeit das Proliferationsproblem nur eine bescheidene Nebenrolle. Die als "deutsche Non-Proliferationsphilosophie" bezeichneten Exportgrundsätze (Export auch sensitiver Technologie bei Festhalten an strikten Kontrollen) sind daher nicht das Ergebnis einer breiten öffentlichen Diskussion. Der Verdacht liegt nahe, in dieser "Philosophie" nur die nachträgliche Rechtfertigung einer kommerziell orientierten Praxis zu sehen. Dabei sehen gerade viele namhafte und qualifizierte Befürworter der Kernenergie in den USA im Zusammenhang von militärischer und ziviler Technologie ihr entscheidendes, bis heute ungelöstes Problem (4).

1. TEIL: NUKLEARE PROLIFERATION ALS WELTORDNUNGSPROBLEM

1. Die Gefahren einer Kernwaffenwelt

1.1. Mehr Sicherheit durch nukleare Proliferation?

1961 entstand die These, die Weiterverbreitung von Kernwaffen trage zur Stabilisierung der internationalen Sicherheit bei. Der französische General Gallois übertrug damals die Erfahrungen des amerikanisch-sowjetischen Abschreckungssystems auf jedes andere mögliche Paar von Konfliktparteien: Die wechselseitige nukleare Drohung werde die Neigung zur Kriegführung so weit verringern, daß auch konventionelle lokale und regionale Kriege unwahrscheinlich würden. Diese These ist neuerdings wiederholt zur Rechtfertigung von Nuklearexporten oder der Kernwaffenentwicklung von Drittländern bekräftigt worden (5). (Dok. 2)

In der Kritik an Gallois ist häufig das Argument zu finden, die Regierungen in der Dritten Welt könnten sich "weniger vernünftig" verhalten als die Supermächte. Deshalb sei der Einsatz von Kernwaffen dort eher zu erwarten.

Diese Unterstellung beruht jedoch auf einem Vorurteil zugunsten der etablierten Nuklearmächte; der Hinweis auf ihre Interventionen und Kriegsführungspraktiken mag das unterstreichen. Entscheidend sind nicht "Vernunft" oder "Verantwortungsbewußtsein" künftiger Kernwaffenstaaten; vielmehr unterscheiden sich <u>zwischenstaatliche Konfliktstrukturen</u> und <u>innergesellschaftliche Spannungen</u> wesentlich vom amerikanisch-sowjetischen 'Modellfall'.

1.2. Konflikte zwischen möglichen zukünftigen Kernwaffenstaaten

In der folgenden Tabelle werden die Strukturen der Konflikte zwischen möglichen Kernwaffenstaaten mit dem 'Modellfall' unter vier Aspekten verglichen: der geopolitischen Lage, dem Konfliktgegenstand, der Konfliktwahrnehmung und dem bisherigen Konfliktverhalten. Für jeden Aspekt wurden ein bzw. zwei Indikatoren ausgewählt:

1. Geopolitische Lage: gemeinsamer Grenzverlauf zwischen den Konfliktparteien;

2. Konfliktgegenstand: a) territoriales Streitobjekt; b) wirtschaftliche Bedeutung des Streitobjekts für die Konfliktparteien;

3. Konfliktwahrnehmung: a) ideologische/religiöse/ethnische Gegensätze; b) Rivalität um regionale Führungspositionen.

Jedem dieser Indikatoren kann der Wert 0 oder 1 zugewiesen werden. So entsteht eine Skala des Entspannungsgrades in einem Konfliktfeld, die von 0 - 7 reicht.

Tabelle 1: Spannungsgrad der Konflikte zwischen möglichen künftigen Kernwaffenstaaten (6)

Konfliktpartei	Geopolitische Distanz	Konfliktgegenstand		Konfliktwahrnehmung		Konfliktverhalten seit 1950 +)		Spannungsgrad insgesamt
	1	2	3	4	5	6	7	
	Gemeinsame Grenze	Territoriales Streitobjekt++)	Wirtschaftliche +++) Bedeutung	Ideologisch/ religiös/ ethnische Gegensätze	regionale Machtrivalitäten	Bewaffnete Zwischenfälle	Krieg	
Höchstwerte	1	1	1	1	1	1	1	7
USA/Sowjetunion	0	0	0	1	1	0	0	2
Iran/Irak	1	1	1	1	0	1	0	5
Indien/Pakistan	1	1	1	1	0	1	1	6
Südafrika/ Schwarzafrikanische Frontstaaten	1	1	1	1	0	1	0	5
Israel/Ägypten	1	1	1	1	1	1	1	7
Taiwan/China	0	1	0	1	0	1	0	3
Libyen/Ägypten	1	1	0	1	1	1	0	5
Brasilien/ Argentinien	1	1	1	0	1	0	0	4
Südkorea/ Nordkorea	1	1	0	1	0	1	1	5

+) Für den Konflikt USA/Sowjetunion wird das Konfliktverhalten der vornuklearen Zeit bewertet.
++) Damit ist der Anspruch eines oder beider Konfliktparteien auf Teile des Territoriums der anderen Konfliktpartei gemeint.
+++) Wirtschaftliche Bedeutung bezieht sich auf: Rohstoffvorkommen, wichtige Verkehrswege, landwirtschaftliches Nutzgebiet

Die Spannungsgrade sind in allen Vergleichsfällen höher als im 'Modellfall' USA-Sowjetunion. Kernwaffen würden also in Ausgangslagen mit höherer Kriegswahrscheinlichkeit entwickelt. Ein "stabiles Gleichgewicht" ist daher nicht zu erwarten. (Dok. 6)

1.3. Nuklearisierung als Destabilisierung

Es ist sogar nicht auszuschließen, daß gegenseitige nukleare Bedrohung oder schon der bloße Verdacht den Spannungsgrad noch erhöht. Denn auch die Konfliktwahrnehmung der Supermächte wurde durch die gegenseitige Bedrohtheit und die kernwaffentechnische Entwicklung beeinflußt: Die gegnerische **Absicht** wurde vom gegnerischen **Drohpotential** her interpretiert, die eigene Reaktion an diesem Potential orientiert ("worst case"-Analyse).

In gleicher Weise wird wahrscheinlich die Entwicklung von Kernwaffen durch eine neue Nuklearmacht von deren Konfliktgegner als Beweis für aggressive Absichten gedeutet werden. Da die ersten Kernwaffengenerationen durch Mängel in Mobilisierungszeit und technischer Zuverlässigkeit gekennzeichnet sein werden, steht auf Präemptivschlägen die Prämie der Schadensminderung.

Auch die Aussicht auf eine zuverlässige und ausreichende Zweitschlagskapazität eröffnet keinen Weg zur Stabilität:

1. Der Ausbau solcher Systeme wird selbst bei den fortgeschrittensten Staaten wenigstens 5 bis 10 Jahre dauern. In diesem Zeitraum ist der Anreiz zum Präemptivschlag sehr hoch.

2. Gerade wenn ein gegenseitiges nukleares "Patt" erreichbar wäre, würde die Glaubwürdigkeit nuklearer Drohungen für begrenzte konventionelle Kriege verringert; diese erscheinen daher durchaus machbar. Aufgrund des niedrigeren Spannungs-

grades kann der Konflikt USA-Sowjetunion hierfür kein Modell sein.

3. Im Konfliktverhalten der potentiellen Kernwaffenstaaten können <u>Grenzzwischenfälle</u> und <u>Guerillaaktionen</u> Übergangsschritte von der diplomatischen Krise zum konventionellen Krieg sein. Sie fehlen im 'Modellfall' USA-Sowjetunion und machen eine Eskalation selbst bei einer gesicherten Zweitschlagskapazität eher möglich.

1.4. Die Instabilität der möglichen künftigen Kernwaffenstaaten

Mit der These von der "Unvernunft" der Regierungen der Dritten Welt wird oft auf die interne Instabilität dieser Staaten verwiesen. Natürlich hängt diese Instabilität mit dem Entwicklungsstand dieser Gesellschaften zusammen und hat daher <u>strukturelle Gründe</u>, die nicht auf "Vernunft" und "Verantwortung" reduziert werden können. In der folgenden Tabelle 2 wurde versucht, anhand ausgewählter Indikatoren den Grad der Instabilität in den möglichen Kernwaffenstaaten zu beschreiben.

Tabelle 2: Grad der Instabilität potentieller Kernwaffenstaaten (nach 1960) (7)

Möglicher Kernwaffenstaat	1 Soziale Asymmetrie+)	2 Strukturelle Asymmetrie++)	3 Unkonstitutionelle Regierungswechsel+++)	4 Attentate auf Regierungsmitglieder/gescheiterte Putschversuche	5 Unterdrückung politischer Opposition und/oder Minderheiten	6 Gewaltsame politische Auseinandersetzungen im Innern	7 Interner Guerillakrieg	8 Grad der Instabilität Insgesamt
Höchstwerte	1	1	1	1	1	1	1	7
Iran	1	1	0	1	1	0	0	4
Indien	1	1	1	0	1	1	1	6
Pakistan	1	1	1	1	1	1	0	6
Südafrika	1	1	0	0	1	1	1	5
Israel	1	0	0	0	1	1	1	4
Taiwan	1	0	0	0	1	0	0	2
Libyen	0	1	1	1	1	0	0	4
Ägypten	1	1	0	1	1	1	0	5
Brasilien	1	1	1	0	1	1	0	5
Argentinien	1	1	1	0	1	1	1	6
Korea	1	1	0	0	1	1	0	4

+) Soziale Asymmetrie: wachsende Differenz zwischen oberen und unteren Einkommensgruppen
++) Strukturelle Asymmetrie: Gegensatz zwischen hochkapitalisiertem, hochtechnisiertem, hochkonzentriertem Industriesektor und unterentwickelter landwirtschaftlicher und handwerklicher Produktion
+++) Umfaßt sowohl putschartige Machtergreifungen wie unkonstitutionelle Verfassungsänderungen seitens der amtierenden Regierung

Bis auf Taiwan liegen alle diese Staaten über dem erwartbaren arithmetischen Mittel von 3,5. Zwischen der internen Instabilität eines Kernwaffenstaats und der Gefährdung der internationalen Sicherheit besteht folgender Zusammenhang:

1. Innere Schwäche kann eine Regierung dazu veranlassen, von den internen Schwierigkeiten durch aggressiveres Außenverhalten abzulenken.

2. Die Absichten eines instabilen Staates werden für den Kontrahenten weniger kalkulierbar; das erhöht die Unsicherheit. (Dok. 6)

3. In solchen Gesellschaften können die Kernwaffen zum Konfliktgegenstand rivalisierender Machteliten werden (8).

2. Nukleare Proliferation und Entspannungspolitik

2.1. Die "Domino-Theorie" der Verbreitung von Kernwaffen

Unter "nuklearer Domino-Theorie" versteht man die These, daß die Entscheidung eines Staates für ein Atomwaffenprogramm eine Kette von Folgeentscheidungen seiner Konfliktgegner nach sich zieht usw. Die bisherige Entwicklung der Proliferation von den USA über die Sowjetunion, China zu Indien bestätigt diese pessimistische Einschätzung: Es entwickelte stets derjenige Staat Kernwaffen, der von dem jeweils letzten Kernwaffenstaat unmittelbar bedroht und durch keine Allianz mit einem anderen Kernwaffenstaat gedeckt war. Die Versuche Pakistans, Südkoreas und Taiwans, Wiederaufbereitungsanlagen zu erwerben, deuten die denkbare weitere Entwicklung an.

Das westeuropäische bilaterale Konfliktverständnis ist auf die möglichen künftigen Kernwaffenstaaten nicht anwendbar: Selbst in einem Gebiet mit scheinbar klarer zweiseitiger

Konfrontation wie dem Nahen Osten herrscht der mehrseitige
Konflikt vor: Ägypten steht im Konflikt mit Israel, hat aber
auch mit Libyen schon bewaffnete Scharmützel ausgetragen;
zwischen Israels Kontrahenten Syrien und Irak herrschen Spannungen; der Irak hat Konfliktbeziehungen mit Iran, Kuweit und
Saudi-Arabien sowie der Türkei, die ihrerseits mit Griechenland rivalisiert.

Ähnliche multilaterale Konfliktmuster lassen sich für Ostasien, Südasien, Nordafrika, Südafrika und Lateinamerika benennen (9). In all diesen Konflikten kalkulieren die Regierungen traditionell ihre Entscheidungen unter den Bedingungen wechselseitiger Bedrohtheit und auf der Basis des "worst case". Entschließt sich daher einer dieser Staaten für ein Kernwaffenprogramm, so könnte sich die Motivation zur Nachahmung schrittweise über die Welt verbreiten. (Dok. 1)

Auch die manchmal geäußerte Hoffnung, die Proliferation werde ihr bisheriges langsames Tempo beibehalten, ist nicht begründet:

1. Es existieren heute mehr souveräne Nationalstaaten als in den ersten zwei Jahrzehnten des "Atomzeitalters".

2. Die technischen Möglichkeiten dieser Staaten werden in absehbarer Zeit kein unübersteigbares Hindernis mehr für die Waffenproduktion bedeuten wie in der Vergangenheit.

3. Der Nuklearexport setzt immer mehr Länder in den Besitz spaltbaren Materials; so werden auch Nationen, die heute keineswegs als Kandidaten für den nuklearen Status gelten können, in 15 oder 20 Jahren zur Waffenproduktion fähig sein: Selbst für Uganda rechnet die Internationale Atomenergiebehörde (IAEA) für 1990 mit einer Jahresproduktion Plutonium, die für drei Kernwaffen ausreicht (10).

2.2. Die mögliche Verwicklung der Supermächte in einen Nuklearkrieg zwischen Drittländern

Die USA und die Sowjetunion laufen Gefahr, auch gegen ihre Absicht in die bewaffneten Auseinandersetzungen von möglichen neuen Kernwaffenstaaten hineingezogen zu werden. Bei Kriegen zwischen solchen Staaten standen sie oftmals als diplomatische und wirtschaftliche Partner, Waffenlieferanten und sogar Kriegspartei (USA) auf verschiedenen Seiten: In den Nah-Ost-Kriegen, im indisch-pakistanischen Krieg und im Korea-Krieg; entgegengesetzte Bindungen stehen auch im Konflikt Iran/Irak und deuten sich neuerdings sogar für die ägyptisch-libyschen Spannungen ab.

Die Gefahr einer Verwicklung der Supermächte ist nicht nur ein theoretisches Denkmodell. Im Oktober-Krieg von 1973 meldete der amerikanische Geheimdienst, die Sowjetunion werde eigene Truppen oder sogar nukleares Material nach Ägypten verschiffen. Daraufhin veranlaßte die amerikanische Regierung den weltweiten Alarmzustand der Nuklearstreitkräfte der USA.

In den USA wird die nukleare Sicherheitsgarantie als eine Möglichkeit diskutiert, bedrohten "Schwellenmächten", vor allen Israel, Südkorea, Taiwan, evtl. auch Pakistan den Verzicht auf eigene Kernwaffen zu erleichtern. Solche Garantien enthalten jedoch das Risiko, daß der geschützte Staat unter dem Schirm der Supermacht eine aggressive und konfliktverschärfende Politik betreibt; auch eine solche Entwicklung vergrößert die Gefahr der <u>nuklearen Konfrontation der Supermächte</u>.

Die Vermeidung eines Nuklearkrieges ist das gemeinsame Interesse der Supermächte. <u>Rüstungskontrolle</u> und <u>Entspannung</u> sind auf dieses Interesse bezogen. Beide beruhen darauf, daß konventionelle Kriege außerhalb der Kernzone Mitteleuropa die strategischen Beziehungen der Supermächte nicht entscheidend belasten. Die globale nukleare Proliferation gefährdet diese Grundlage der Entspannung und damit ihre weitere Entwicklung.

2.3. Multilaterale nukleare Drohungen und die Rüstungsdynamik im Ost-West-Konflikt

Die geltenden strategischen Doktrinen und die Rüstungskontrolle beruhen auf drei Voraussetzungen:

1. Ein möglicher nuklearer Aggressor ist eindeutig identifizierbar.

2. Kapazitäten und Kalkulationen des Gegners sind rational einschätzbar.

3. Die Zielbestimmung seiner Rüstung ist durch den bilateralen Konflikt vorgegeben.

Dadurch wurde eine wesentliche Leistung der Rüstungskontrolle möglich: Die Verminderung der Wahrscheinlichkeit eines "Unfallkrieges", der durch technische Mängel oder menschliches Versagen ausgelöst werden könnte. In einer Kernwaffenwelt ist der nukleare Aggressor jedoch nicht eindeutig auszumachen; seine Reaktionen können nicht rational berechnet werden. Daher werden "Unfallkriege" wieder wahrscheinlicher.

Zusätzliche Kernwaffenstaaten erschweren die Einschätzung der Rüstungsziele des Gegners. Vor allem die Sowjetunion würde sich neuen, zunächst begrenzten nuklearen Drohungen gegenübersehen (Iran, Israel, Pakistan). Nach der Logik des "worst case" müßte sie solche Bedrohungen in ihrer strategischen Rüstung berücksichtigen. Da die USA sich keine endgültige Klarheit über die Ziele der neuen russischen Rüstungsanstrengungen verschaffen könnte, müßten sie ihrerseits darauf reagieren.

Schon der Eintritt Chinas in den "nuklearen Club" warf für die amerikanisch-sowjetischen Abrüstungsgespräche aus diesen Gründen ernste Probleme auf. Eine Vervielfachung solcher

Probleme würde Rüstungskontrolle und Abrüstung drastisch erschweren. Es könnte die im Abschreckungssystem destabilisierende Option eines Raketenabwehrsystems (ABM) zum Schutz gegen begrenzte nukleare Aggressionen wieder an Attraktivität gewinnen.

3. Nukleare Proliferation und die Interessen der Bundesrepublik Deutschland

3.1. Wirtschaftliche Interessen der Bundesrepublik

Die Bundesrepublik ist durch die Abhängigkeit ihrer Wirtschaft von Rohstoffimporten und einem hohen Handelsvolumen auf die Stabilität der internationalen Beziehungen angewiesen. Gegen Kriege und die Steigerung von Gewaltdrohungen in zwischenstaatlichen Konflikten sind diese Interessen sehr empfindlich.

Wie Tabelle 3 zeigt, sind die meisten möglichen Kernwaffenstaaten wichtige Außenwirtschaftspartner der Bundesrepublik.

Tabelle 3: Die Stellung möglicher Kernwaffenstaaten unter den Außenwirtschaftspartnern der Bundesrepublik außerhalb von OECD und COMECON, 1976

Mögliche Kernwaffenstaaten	Deutscher Export (Mio DM)		Deutscher Import (Mio DM)	
	Rang	Volumen	Rang	Volumen
Iran	1	5758,1	2	4982,5
Indien	15	922,1	17	750,1
Pakistan	-	388,9	-	202,4
Südafrika	2	3149,0	8	2254,4
Israel	14	944,4	18	562,0
Taiwan	19	675,7	11	1093,8
Libyen	11	1314,9	1	5272,3
Ägypten	9	1470,7	-	145,2
Brasilien	4	2758,8	5	2414,6
Argentinien	18	736,9	13	892,1
Südkorea	-	515,6	12	1017,5
Gesamtvolumen		18615,1		19586,9

Quelle: Statistisches Jahrbuch 1977 für die Bundesrepublik Deutschland, Stuttgart/Mainz 1977, S. 248-250

Der Iran, Südafrika, Libyen und Brasilien liefern
Rohstoffe in die Bundesrepublik. Nach den Analysen des
Hudson-Instituts sind von der Entwicklung eines "nuklearen
Domino-Effektes" weitere wichtige Rohstofflieferanten mittelbar betroffen: Nigeria, Chile, Venezuela, Indonesien
und Saudi-Arabien (11). Fast die gesamte Ölversorgung der
Bundesrepublik wird von diesen Staaten gedeckt.

Eine Weiterverbreitung von Kernwaffen würde die Konflikte
zwischen diesen Nationen verschärfen; die Stabilität der
Wirtschaftsbeziehungen der Bundesrepublik zu ihnen wäre
nicht länger gewährleistet. Daher hat die Bundesrepublik
ein wirtschaftspolitisches Interesse an der Eindämmung der
Proliferation.

3.2. Sicherheitsinteressen der Bundesrepublik

Der Grad der Sicherheit der Bundesrepublik wird durch den
Stand der Entspannungspolitik bestimmt. Verschiedene Studien über die Verteidigungsoptionen der Nato haben klargelegt, daß - bei den gegebenen Waffensystemen und Militärstrategien - kein realistisches Kriegsbild ohne die Zerstörung des deutschen Territoriums möglich ist. Auch der Versuch der "Verfeinerung des nuklearen Arsenals" führt nicht
weiter; er bietet keinen Schutz gegen die Eskalation. Die
Weiterentwicklung flexibler Nuklearstrategien als mögliche
Antwort auf weltweite Proliferation wird die "nukleare
Schwelle" im gängigen Kriegsbild eher noch senken und im
Ost-West-Zusammenhang destabilisierend wirken (12).

Die Sicherheitspolitik der Bundesrepublik wird daher auf
politischen Lösungen des Ost-West-Konfliktes aufbauen müssen, die von den Beziehungen zwischen den Supermächten abhängen. Durch wachsende Konfrontationsgefahr und die Erschwerung von Rüstungskontrolle gefährdet Proliferation diese Beziehungen, die Grundlage deutscher Sicherheitspolitik.

Die Fachliteratur rechnet jedoch noch mit weiteren Komplikationen für die deutsche Sicherheit. Die Gefahr "unbeabsichtigter" Konfrontationen durch "Unfallkriege" und/oder Bündnisverpflichtungen könnte <u>isolationistische Absichten</u> in den Vereinigten Staaten verstärken, sich aus Allianzen zurückzuziehen, die sie zu nuklearen Garantien verpflichten (13).
Während Proliferation einerseits <u>politische</u> Lösungen des deutschen Sicherheitsproblems erschweren wird, könnte sie andererseits die noch <u>gültige Grundlage der Sicherheit</u>, die Atlantische Allianz, zerstören.

2. Teil: Motivationen und Kapazitäten zur Herstellung von Kernwaffen und die Rolle der zivilen Technologie

4. *Motivationen*

Ein zwischenstaatlicher Konflikt ist eine notwendige, aber noch keine hinreichende Veranlassung für eine Regierung, Kernwaffen herzustellen. Er erklärt zwar die Rüstung eines Staates, jedoch nicht den Schritt über die nukleare Schwelle. Dazu bedarf es weiterer Anreize aus der internationalen Umwelt dieser Staaten. Diese Anreize lassen sich zurückführen auf die Leitbildfunktion der in der internationalen Ordnung führenden Industriestaaten und die Asymmetrie (Ungleichheit) im internationalen System.

4.1. Die Rolle des Rüstungswettlaufs zwischen Ost und West

Der wichtigste Impuls geht von der Nuklearrüstung der Supermächte aus. Aus der Sicht der Nicht-Kernwaffenstaaten erscheint die Position von USA und Sowjetunion widersprüchlich: Vor den Nicht-Kernwaffenstaaten unterstreichen sie den geringen Nutzen, ja sogar die schädlichen Auswirkungen von Kernwaffen für die internationale Sicherheit. In ihrer eigenen militärpolitischen Praxis aber betonen sie die Rolle dieser Waffen für ihre Sicherheit und steigern ständig Ausmaß und Qualität ihrer nuklearen Bewaffnung. Es liegt für die Entwicklungsländer nahe, sich an der Praxis der Führungsmächte als ihrem Leitbild zu orientieren. Sie übertragen daher den vermeintlichen Nutzen der Kernwaffen auf ihre eigenen Konflikte untereinander.

Die neuere militärstrategische und -technologische Entwicklung im Westen tendiert zu einer stärkeren Betonung des Kernwaffeneinsatzes im Gefechtsfeld des "begrenzten Nuklearkrieges". Die mit dieser Konzeption verbundene Senkung der nuklearen Schwelle kommt dem gängigen Kriegsbild des lokalen oder regionalen Krieges in der Dritten Welt näher als die

Doktrin strategischer Abschreckung.

Natürlich werden die ersten, relativ primitiven Nuklearsprengkörper möglicher Kernwaffenstaaten nicht präzise die Funktionen der technisch perfekten Waffen der Großmächte erfüllen können. Entscheidend ist vielmehr das veränderte Image der Kernwaffe: Sie gilt nun als taktisch kalkulierbar und einsetzbar. Erst dieses Image macht sie für künftige Kernwaffenstaaten militärisch attraktiv: Auch einige primitive Waffen mit relativ geringer Sprengwirkung (im Kilotonnen-Bereich) könnten beispielsweise gegen einen überlegenen Panzerangriff von Nutzen sein.

So sinnvoll und zweckmäßig daher den militärischen Führungen im Westen die Diskussion und Entwicklung von taktischen Nuklearwaffen, Mininukes und Neutronenwaffen im Lichte ihrer Verteidigungsprobleme erscheinen mag, die Auswirkung dieser Systeme auf die Weiterverbreitung von Kernwaffen macht sie sicherheitspolitisch konterproduktiv. (Dok. 2, 3)

4.2. Die Rolle der internationalen Ungleichheit

Die Asymmetrie zwischen den Industriestaaten und den Entwicklungsländern ist eine wesentliche Triebkraft der internationalen Politik. Auch bei dem Versuch, die Nord-Süd-Lücke zu schließen, spielen Nuklearwaffen eine wichtige Rolle.

Der Atomwaffensperrvertrag (Non-Proliferation Treaty, NPT) schrieb mit dem vertraglichen Verzicht von über 100 Staaten auf Kernwaffen die Spaltung der Welt in Nuklearmächte und nukleare "Habenichtse" fest. Diesen Verzicht konnten die Nicht-Kernwaffenstaaten nur unter der Bedingung akzeptieren, daß zugleich ihr Interesse an der Verringerung dieser Ungleichheit gewahrt würde. Daher setzten sie (§ 6 des NPT) die Verpflichtung der Kernwaffenstaaten zur wirksamen nuklearen Abrüstung durch.

Das weitere Wachstum der nuklearen Waffenarsenale nach Inkrafttreten des NPT im Jahre 1970 stellt eine Verletzung des Vertrages dar. Viele Nicht-Kernwaffenstaaten sind deshalb der Meinung, daß die Großmächte nicht die Absicht haben, ihren Verpflichtungen nachzukommen. Auf der Genfer NPT-Überprüfungskonferenz 1975 stand daher der § 6 im Brennpunkt des Interesses, vor allem, weil die Sowjetunion und die USA kurz vor und während der Konferenz Kernwaffentests unternahmen.

Die Großmächte betrieben auf dieser Konferenz nahezu Obstruktionspolitik; sie fanden sich nicht zu einer Verpflichtung bereit, keine Kernwaffen gegen Nicht-Nuklearstaaten einsetzen zu wollen. Sie lehnten jeden Eingriff (z. B. Zeitplan) in ihre bilateralen Rüstungskontrollverhandlungen kategorisch ab, obwohl der § 6 des NPT der Konferenz sehr wohl die Befugnis dazu geben könnte. Diese Haltung veranlaßte Jugoslawien zu der Drohung, sich u. U. aus dem NPT zurückzuziehen, wenn sich das Verhalten der Großmächte nicht grundlegend ändern werde.

Für die fortgeschritteneren Entwicklungsländer wächst die Versuchung, die Ungleichheit auf anderem Wege zu überbrücken: durch den Aufbau einer eigenen Nuklearstreitmacht (14).

Viele Länder der Dritten Welt teilen nicht unsere Vorstellung von der Schutzmacht USA. Die Amerikaner erscheinen ihnen ebenso als Bedrohung wie die Sowjetunion. Die wiederholten, durch Schlesinger erst kürzlich wieder bekräftigten Interventionsdrohungen gegen die OPEC-Staaten haben dieses Image der USA auch nach dem Abzug aus Vietnam noch gefestigt.

Arbeiten indischer Wissenschaftler zufolge haben versteckte oder offene amerikanische Nukleardrohungen gegen Nicht-Kernwaffenstaaten (Korea, China (Quemoy, Matsu), Vietnam)) die Operationen strategischer Einheiten im Indischen Ozean

und der Ausbau des Stützpunktes Diego Garcia die indische
Entscheidung beeinflußt, eine Kernexplosion durchzuführen
(15). (Dok. 2)

Eine kleine Nuklearstreitmacht gewinnt als Möglichkeit minimaler Abschreckung an Attraktivität, so unrealistisch diese
Option bei einer genauen Überprüfung auch wirken mag.

4.3. Der Prestigewert von Nuklearwaffen

Der Entschluß zur Kernwaffenproduktion kann aus dem Wunsch
heraus erfolgen, im internationalen System Prestige zu gewinnen und den eigenen Status zu erhöhen. Der Anspruch auf eine
regionale Führungsposition oder auf einen Platz im globalen
Mächtekonzert kann durch dieses Symbol der Macht unterstrichen werden. Auch diese Einschätzung geht auf die Politik
der Großmächte zurück.

1. Sie haben in ihrer Außenpolitik und ihren Militärdoktrinen
den politischen Wert der Nuklearwaffen betont.

2. Sie haben nur Nuklearmächte als ihresgleichen anerkannt
und ihnen einen ständigen Sitz im UN-Sicherheitsrat überlassen.

3. Erst nach dem Kernwaffentest von 1964 wandten die USA der
Volksrepublik China größere Aufmerksamkeit zu und demonstrierten damit augenfällig ihre einseitige nuklearpolitische Orientierung (16).

5. *Technologische Kapazität*

5.1. Allgemeine Voraussetzungen der Konstruktion von Kernwaffen

Nukleare Sprengkörper lassen sich aus hochangereichertem Uran
(90 % des Isotops U 235) und aus Plutonium (Pu) herstellen (17).

Zivile und militärische Technologie bauen auf dem gleichen physikalischen Vorgang auf: Beim Zerfall eines U 235 oder PU 239-Atomkerns werden Energie und Neutronen freigesetzt, die zur Spaltung von weiteren Atomkernen genutzt werden können. Die Wahrscheinlichkeit, daß die freien Neutronen auf einen spaltbaren Kern treffen und damit die Möglichkeit einer fortgesetzten Kettenreaktion, hängt von der Masse, der Dichte und dem Anreicherungsgrad des benutzten Materials ab.
Die zivile Technologie zielt auf die Kontrolle dieses Vorgangs, um die Reaktion über längere Zeit auf einem gleichmäßigen Niveau zu halten und die durch den Spaltvorgang erzeugte Energie über längere Zeit hinweg industriell zu nutzen. Daher bedient man sich niedriger Anreicherungsgrade, Moderatoren und Brennstäbe, um die Reaktion jederzeit unter Kontrolle zu halten.

Die militärische Technologie hingegen will die Reaktion möglichst beschleunigen und die Energie in kürzester Zeit freisetzen. Daher bedient sie sich hoher Anreicherungsgrade, überkritischer Massen von hoher Dichte sowie reflektierender Materialien wie Beryllium, durch die entweichende Neutronen in das Spaltmaterial zurückgeworfen werden.

Die bisher angewandten Anreicherungsverfahren (Gasdiffusion und neuerdings Gaszentrifuge) sind komplex, teuer und ihre technischen Details werden geheimgehalten. Die Gaszentrifuge stellt bereits eine gewisse Vereinfachung des Anreicherungsprozesses dar; doch erst wenn das Trenndüsenverfahren oder die Lasertechnik den erwarteten Durchbruch erzielt, wird vielleicht die Anreicherung auch für weniger entwickelte Staaten ein gangbarer Weg zur Kernwaffe sein; dies gilt natürlich nur, wenn bis dahin keine weiteren Anreicherungsanlagen exportiert werden.

Die größten Probleme ergeben sich daher aus der Möglichkeit, das im Reaktor produzierte Plutonium zur Herstellung einer Bombe (Implosionsbombe) zu verwenden. Zur Aufrechterhaltung der für die Explosion notwendigen Kettenreaktion ist eine

Mindestmenge an Plutonium (kritische Masse) erforderlich, je nach Reinheit des Materials bei normaler Dichte 8 bis 15 kg. Da die technische Anordnung der Implosionsbombe bei der Zündung zu einer wesentlich höheren Dichte führt, kommt man bei fortgeschrittenen Konstruktionen mit 4 bis 5 kg aus.

Tabelle 4: Schnelle kritische Massen von Spaltstoffen für Kernsprengkörper

Gewichts-%	\multicolumn{7}{c}{Gehalt an spaltbaren Isotopen}
	20	50	60	70	80	90	100
kg U-Metall (U-235) ohne Reflektor		145	105	82	66	54	50
mit Be-Reflektor	250	50					
kg Pu-Metall (Pu-239) ohne Reflektor				23			15
mit Be-Reflektor				6			4
kg U-Metall (U-233) ohne Reflektor							17
mit Be-Reflektor							4-5

Kritische Massen von Oxiden sind das 1,5fache der kritischen Massen der Metalle

Waffen-Uran   U-235 ≥ 90 %   Waffen-Plutonium   Pu-239 ≥ 98 %
Reaktor-   Reaktor-
Uran   U-235 = 3 % (Beladung) Plutonium   Pu-239 = 70-80 %
                        = 0,8% (Entladung)   (Entladung)

Quelle: Dr. G. Hildenbrand, Erlangen: Kernenergie, Nuklearexporte und Nichtverbreitung von Kernwaffen, in: atomwirtschaft Juli/August 1977, S. 377

Die Konstruktionsprinzipien der Implosionsbombe sind in der offenen Literatur zugänglich. Beispielsweise enthält die "Enzyklopädia Americana" einen Artikel des amerikanischen Kernwaffenexperten John F. Foster zu diesem Thema. Physikstudenten entwarfen auf der Grundlage der zugänglichen Informationen Konstruktionen für einen Kernsprengkörper; Fachleute hielten diese Entwürfe für ausreichend für eine primitive, aber funktionsfähige Bombe (18).

5.2. Technische und wissenschaftliche Voraussetzungen

Das beim Reaktorprozeß anfallende Plutonium ist mit Spaltprodukten und dem restlichen Uran vermischt. Es kann nicht ohne Wiederaufbereitung aus dem Reaktorabbrand gewonnen und zu Waffenzwecken verwandt werden. Ein vollständiges Waffenprogramm enthält die folgenden notwendigen Schritte:

1. Förderung von Uranerz und Gewinnung von Uran aus diesem Erz oder Kauf von Natururan oder Kauf von angereichertem Uran;

2. Konstruktion einer Brennelementefabrik oder Kauf von Brennelementen;

3. Konstruktion und Fertigung oder Kauf eines Reaktors;

4. Reaktorprozeß;

5. Konstruktion und Fertigung oder Kauf einer Wiederaufbereitungsanalge;

6. Gewinnung des Plutoniums durch Wiederaufbereitung des Reaktorabbrands;

7. Fertigung oder Kauf der konventionellen Bestandteile der Bombe;

8. Konstruktion und Fertigung der Bombe.

Die Angaben über die Zahl der zur Herstellung eines nuklearen Sprengkörpers notwendigen Wissenschaftler und Ingenieure schwanken zwischen 1 für die denkbar primitivste noch funktionsfähige Waffe und 2.000 für ein optimales Waffenprogramm. Eine präzise Untersuchung nannte für die Herstellung der nuklearen Bestandteile einer Kernwaffe die Zahl von 7 qualifizierten Spezialisten (19).

Nach allgemeiner Übereinstimmung besitzen gegenwärtig oder in nächster Zukunft viele Entwicklungsländer Kenntnisse und Personal zur Produktion einer Kernwaffe. Die Industrialisierung, insbesondere aber die Ausbreitung ziviler Kerntechnologie wird diese Entwicklung noch beschleunigen.

6. Zivile Nukleartechnologie als Grundlage der Waffenproduktion

6.1. Die Plutoniumproduktion im Leichtwasserreaktor

Bei der üblichen Brenndauer des Reaktorbrennstoffs im kommerziellen Leichtwasserreaktor fallen pro 1.000 Megawatt etwa 250 bis 265 kg Plutonium an. Dieses Plutonium enthält 20 bis 30 % des Isotops Pu 240, das waffentechnisch Probleme aufwirft:

1. Es ist zur Explosion nicht brauchbar; es erhöht daher die kritische Masse.

2. Es zerfällt spontan und kann dadurch eine vorzeitige Kettenreaktion auslösen, die die Sprengkraft der Waffe herabsetzt.

Aus diesem Grunde hielt man lange die militärische Verwendung von Reaktorplutonium aus dem Normalbetrieb nicht für möglich; es müsse - unter erheblichen Kosten - die Brenndauer auf einige Wochen reduziert werden, um mindestens 90 %iges Pu 239 zu erhalten.

Leider haben amerikanische Tests in diesem Jahr die pessimistische Gegenthese bestätigt. Auch Reaktorplutonium mit einem geringeren Anteil Pu 239 ist zur Waffenproduktion geeignet. Die Sprengkraft einer solchen Waffe liegt immer noch im Bereich von einigen Tonnen bis 10 Kilotonnen TNT (zum Vergleich: die Hiroshima-Bombe wird mit 14 kt, die Nagasaki-Bombe mit 21 kt angegeben). Die Auswirkungen einer derartigen Kernexplosion gehen aus Tabelle 5 hervor.

Tabelle 5: Schadensradius für verschiedene Effekte von Kernexplosionen als Funktion der Sprengkraft

Sprengkraft	Radius der Effekte (Meter)				
	500 REM+) Gammastrahlung	500 REM Neutronenstrahlung	Fallout (500 REM Totalwirkung)	Schwere Zerstörung durch Druckwirkung (10 psi)	mittlere Zerstörung durch Druckwirkung (3 psi)
10 to	100	230	100 - 300	71	140
100 to	300	450	300 - 1.000	150	300
1 kt	680	730	1.000 - 3.000	330	650
10 kt	1.150	1.050	3.000 -10.000	710	1.400

+) (500 REM wird als tödliche Dosisstrahlung angenommen)

Quelle: Mason Willrich/Theodore B. Taylor, Nuclear Theft: Risks and Safeguards, Cambridge, Mass. 1974, S. 23

Die höhere kritische Masse bedeutet kein großes Hindernis: Für eine primitive Konstruktion werden bei 70 % Anteil Pu 239 23 kg Plutonium benötigt, bei Benutzung eines Beryllium-Reflektors 6 kg. Der jährliche Abbrand eines 1.000 Megawatt Leichtwasserreaktors ergibt im Normalbetrieb ein Potential von 10 bis 40 Plutoniumbomben.

6.2. Wiederaufbereitung

Im Unterschied zur physikalischen Technologie der Anreicherung und des Leichtwasserreaktors ist die chemische Wiederaufbereitung von Reaktorabbrand sehr viel weniger komplex; eine nicht für kommerziellen, sondern ausschließlich zu militärischen Zwecken konstruierte Wiederaufbereitungsanlage ist mit anderen chemisch-industriellen Unternehmungen vergleichbar, wenn auch natürlich die Handhabung der hochaktiven Spaltprodukte besondere Sicherheitsvorkehrungen erfordert.

Die Designprinzipien der Wiederaufbereitung sind öffentlich zugänglich. Die Materialien und speziellen Konstruktionsteile sind im Handel erhältlich, da sie auch in anderen industriellen Prozessen Verwendung finden. Die Zahl der notwendigen Spezialisten läßt sich - nach LaMarsh - auf 7 Personen begrenzen.

Die Kosten einer kleinen Wiederaufbereitungsanlage sind auf etwa 25 Mio Dollar, also etwa 55 Mio DM, eingeschätzt worden. Eine andere Schätzung spricht gar nur von 1 1/2 Mio Dollar, etwa 3 1/2 Mio DM. Ein wichtiger Aspekt ist der relativ geringe Raum einer solchen Anlage. Sie benötigt nur etwa 400 qm. Sie kann also unterirdisch, in Verbindung mit einem Labor oder einer Chemiefabrik getarnt angelegt werden (20).

Auch kommerzielle Wiederaufbereitungsanlagen produzieren waffenfähiges Plutonium. Der Import solcher Anlagen bietet daher dem Importeur die legale Möglichkeit zur offenen Produktion und Lagerung von Plutonium, das sich im Ernstfall jederzeit zu militärischen Zwecken verwenden läßt.

Oft wird argumentiert, kommerzielle Wiederaufbereitung sei ein unverhältnismäßig teurer Weg zur Kernwaffe. Dies berücksichtigt jedoch nicht die gleichzeitige Nutzung der Wiederaufbereitung im kommerziellen Brennstoffkreislauf. Eine in die nationale Elektrizitätsversorgung eingegliederte Wiederaufbereitungsanlage könnte Spaltmaterial zu äußerst niedrigen Grenzkosten produzieren, sofern nämlich ihre Gesamtkosten durch ihren Beitrag zur Stromerzeugung gedeckt wären. Ebenso wie die "versteckte" Anlage ist daher die kommerzielle Wiederaufbereitungsanlage ein ernst zu nehmender Weg zur Kernwaffe.

Jedoch hat auch der Export von wiederaufbereitetem Brennstoff vergleichbar gefährliche Folgen: Er enthält aufbereitetes Plutonium; das Plutoniumoxyd aus den Brennelementen des gemischten Uran/Plutonium-Brennstoffs (MOX) kann mit Hilfe eines chemischen Verfahrens gewonnen werden, das weit weniger Sicherheitsprobleme aufwirft als die kommerzielle Wiederaufbereitung (PUREX). Die Wiederaufbereitung bringt größere Mengen von Plutonium in den internationalen Handel und erhöht die Möglichkeit heimlicher Abzweigung und des Diebstahls. Außerdem besteht die Gefahr eines "grauen Marktes" (21).

6.3. Der Schnelle Brüter

Mit der Einführung des Schnellen Brüters überschreiten die erzeugten Plutoniummengen die Grenzen der voraussichtlich möglichen Kontrollen. Der Brüter erzeugt mehr Plutonium, als er verbraucht; der Pu-Ausstoß pro Reaktorjahr liegt um 50 % über dem des Leichtwasserreaktors, und das Plutonium ist in waffentechnischer Hinsicht von höherer Qualität (22). Da dieser Reaktortyp Plutonium auch als Brennstoff benötigt, ermöglicht er den direkten Zugriff auf waffenfähiges Material am Reaktoreingang. In der "Plutonium-Ökonomie" kann also an mehreren Punkten des Brennstoffkreislaufes spaltbares Material abgezweigt werden:

1. am Reaktoreingang,
2. am Reaktorausgang (dieses Material muß aufbereitet werden),
3. am Eingang der Wiederaufbereitungsanlage (dieses Material muß aufbereitet werden),
4. am Ausgang der Wiederaufbereitungsanlage,
5. am Eingang der Brennelementefabrik,
6. am Ausgang der Brennelementefabrik.

Der Schnelle Brüter bietet außerdem im "Brutmantel" u. U. Plutonium mit einem Pu 239-Gehalt von über 90 % dar. Da dieser Mantel aus abgereichertem U 238 besteht, wird es bei der Plutoniumextraktion weniger Probleme mit den Spaltprodukten geben. Der Brüter erleichtert daher auch technisch den Zugang zu hochwertigem Waffenmaterial.

Hinzu kommen die Mengen von Plutonium im Handel und Transport, die die Zahl der neuralgischen Punkte zur Abzweigung von PU drastisch vermehren würden. Bei den physikalisch vorgegebenen Grenzen der Kontrollzuverlässigkeit (siehe unten) wird über wachsende Mengen dieses Materials nicht mehr mit letzter Sicherheit Rechenschaft abgelegt werden können.

7. Nuklearexport und die Förderung der nuklearen Proliferation

Von jeder Art des zivilen Nuklearexports gehen Impulse für die Weiterverbreitung von Kernwaffen aus, und zwar für Motivation und Kapazität.

7.1. Ist die Weiterverbreitung unabhängig vom Nuklearexport?

Es ist behauptet worden, die Weiterverbreitung sei unabhängig von der Expansion der zivilen Technologie. Der "günstigste Weg" zu einer Kernwaffe sei die eigenständige Konstruktion eines graphitmoderierten Natururanreaktors. Eine solche Anlage (um 25 Megawatt) produziert jährlich etwa 9 kg hochwertiges Plutonium, genug für ein bis zwei Kernwaffen. Design und Materialien für diesen Reaktortyp sind zugänglich, die Kosten sind geringer als bei einem kommerziellen Kernenergieprogramm.

In Verbindung mit einer kleinen Wiederaufbereitungsanlage sei dies die kostengünstigste und militärisch sinnvollste Option, zumal sich einheimisches Uran verwenden lasse: Der Import von schwachangereichertem Uran sei zu umgehen. Für eine zur Waffenproduktion entschlossene Regierung sei dies daher der wahrscheinlichste Weg.

Diese Argumentation der "Verharmloser" geht von folgenden Voraussetzungen aus:

1. Es besteht bereits der Beschluß einer Regierung für ein nukleares Waffenprogramm.

2. Auf der Grundlage dieses Beschlusses entscheidet die Regierung nach dem Kriterium ökonomischer und technischer Effizienz.

Schon die erste Annahme ist nicht haltbar:
Der Beschluß kann nicht von vornherein vorausgesetzt werden. Aufgrund der Teilnahme von über 2/3 aller Nationalstaaten der Erde und aufgrund der Verlautbarungen einiger Nicht-Teilnehmer (z. B. Indien) ist davon auszugehen, daß Proliferation wegen ihrer Gefahren **als unerwünscht angesehen wird** und die Regierungen eine Situation vorziehen, in der sie selbst von einer Entscheidung für Nuklearwaffen absehen können.

Die kritische Frage gilt daher dem **politischen Umfeld**, das eine solche Entscheidung veranlaßt. Diese Frage wird im folgenden Szenario untersucht:

7.2. Nuklearexport und Proliferation: ein Szenario

1. Stufe: Staat A (NPT-Mitglied) steht in einer Konfliktstruktur mit relativ hohem Spannungsgrad. A's Nachbar und Kontrahent B betreibt - ebenso wie A - mehrere Kernreaktoren zur Energiegewinnung. Die Inspektoren der IAEA melden keine Unregelmäßigkeiten aus B. A ist jedoch durch die Vorstellung beunruhigt, B's Wissenschaftler und Ingenieure könnten in der Lage sein, aus eigener Kraft eine getarnte Wiederaufbereitungsanlage zu bauen. A's Nachrichtendienste bemühen sich um Informationen, sind aber nicht in der Lage, endgültige Folgerungen zu ziehen; sie melden an ihre Regierung, die Existenz einer getarnten Wiederaufbereitungsanlage in B sei nicht auszuschließen. A's Regierung ist nun gezwungen, unter Ungewißheit zu entscheiden. Sie will jedes Risiko einer Unterlegenheit gegenüber B ausschließen. Daher entschließt sie sich, einen angemessenen Schritt zur Offenhaltung der nuklearen Option zu tun.

2. Stufe: Die zweite Annahme der "Verharmloser" behandelt diesen Schritt technisch-ökonomisch. Sie schließt jedoch damit das wesentliche Entscheidungskriterium aus: nämlich den politischen Gesichtspunkt.

Nur wenn A ein so mächtiger Staat wäre, daß er auf die Reaktionen seiner Umwelt nicht zu achten brauchte, könnte er unabhängig von politischen Aspekten seine Entscheidung an Kosten- und technischen Effizienzkriterien orientieren. Für die meisten oder alle potentiellen Kernwaffenstaaten gelten aber folgende Einschränkungen:

1. Es gilt, die Risiken internationaler Sanktionen gegen einen "Proliferator" zu vermeiden.

2. Es gilt, eine eskalierende Reaktion des Rivalen B zu vermeiden, vor allem wenn dieser - entgegen der pessimistischen Annahme - die nukleare Option noch gar nicht wahrgenommen hat.

3. Es gilt daher, den offenen Bruch mit dem NPT und/oder die Entdeckung der eigenen Aktivität so gründlich und lange wie möglich zu vermeiden.

Staat A läßt daher den Gedanken an ein offenes Waffenprogramm fallen. Die Option eines getarnten Waffenprogramms über die Natururanlinie ist zwar möglich (A besitzt Uran im eigenen Land), erfordert aber zahlreiche Aktivitäten: Öffnung einer Mine, Erzaufbereitung, Transport, Brennelementefabrikation, Reaktorbau, Wiederaufbereitung. Jeder dieser Schritte bietet bestimmte Entdeckungsrisiken, die A gerne reduzieren möchte.

A entschließt sich daher für die andere mögliche Option: den Bau einer getarnten Wiederaufbereitungsanlage. Diese Anlage wird erstellt und - ebenso wie die konventionellen Bestandteile für einige Kernwaffen - nicht in Betrieb genommen, sondern in Bereitschaft gehalten. Nach einem ausgearbeiteten

Notstandsplan kann im Ernstfall der kurzzeitig beim Reaktor
gelagerte Abbrand oder der im Reaktor befindliche Brennstoff
entnommen und der Aufbereitung zugeführt werden. Mit dem gewonnenen Plutonium lassen sich einige Kernwaffen herstellen;
denn das übrige Material war ja bereits vorbereitet. Die Literatur gibt die Dauer zwischen Entscheidung und Einsatzbereitschaft der ersten Waffen mit einer Woche bis zu mehreren Wochen an (23). Diese Option reduziert die Entdeckungsgefahr
auf eine einzige Anlage bzw. die beschränkte Zeitdauer ihrer
Erstellung; die Notwendigkeit, einen komplizierten industriellen Prozeß ständig in Gang zu halten, wird umgangen. Dieser
Entschluß geht bis nahe an die entscheidende Schwelle heran,
überschreitet sie aber noch nicht. Die Politik der kleinen
Schritte erleichtert den Weg zur Kernwaffe psychologisch für
die betroffene Regierung, da sie nicht radikal mit einem
- immer noch - für gut gehaltenen Prinzip brechen muß. Sie
hat sich nun die Möglichkeit geschaffen, im Ernstfall nuklear
zu rüsten, ohne dabei unangemessen überzureagieren: die Aktion
entspricht der wahrgenommenen Bedrohung und bietet eine (vorerst) ausreichende Antwort.

3. Stufe: Bis zu diesem Punkt scheint die Entwicklung zwar besorgniserregend, aber undramatisch: Auch wenn B, was zu erwarten ist, sich ebenso verhält, existieren noch keine Nuklearwaffen. Jedoch stellen A's Militärs nun fest, daß die Mobilisierungszeit zwischen Entscheidung und Einsatzbereitschaft B
die Chance zu einem konventionellen Präemptivschlag bietet.
Sie fordern daher die Aufstockung der konventionellen Bewaffnung zur Abwehr eines solchen Angriffs.

B reagiert daraufhin mit der Erhöhung der eigenen Rüstung, was
A als Vorbereitung des befürchteten Präemptivschlags versteht.
Es entsteht ein konventioneller Rüstungswettlauf, der A dazu
veranlaßt, die Zeit zwischen Entscheidung und Einsatzbereitschaft seiner Nuklearwaffe weitestmöglich zu verringern.

4. Stufe: Sobald hier das technische Optimum erreicht ist,

steigt der Anreiz, die Waffe zu produzieren; entweder durch den
Versuch, aus dem zivilen Programm heimlich Plutonium abzuzwei-
gen, oder durch den Kauf von Plutonium auf dem grauen Markt.
Zugleich versuchen die Militärs von A, modernere Trägerwaffen
zu erwerben, um zur Not eine "launch on warning"-Strategie
(Einsatz der Waffe auf die ersten Anzeichen der gegnerischen
Angriffsabsicht hin), zur Verfügung zu haben.

Mit diesen Aktivitäten steigt die Gefahr der Entdeckung; im
gleichen Maße nimmt die Hemmung ab, eine Kernwaffe auch unter
offenem Bruch des NPT zu produzieren. Jetzt erst ist A zu dem
"offenen" Beschluß bereit, der für die "Verharmloser" den <u>Aus-
gangspunkt</u> ihrer These bildet. Motivation und Kapazitäten beider Seiten sind maßgeblich von der zivilen Kernenergie beeinflußt worden.

7.3. Schlußfolgerung

Die Unterschiede zwischen beiden Thesen sind in Tabelle 6
nochmals gegenübergestellt. Die wesentliche Differenz liegt
darin, daß die These der "Verharmloser" ausschließlich öko-
nomisch-technische Kriterien berücksichtigt, während die These der "Kritiker" versucht, von realistischen <u>politischen</u> An-
nahmen auszugehen. (Dok. 4)

Tabelle 6: Vergleich der Argumentation der "Verharmloser" und "Kritiker"

	"Verharmloser"	"Kritiker"
These	"Export ziviler Technologie hat nichts mit Proliferation zu tun"	"Export ziviler Kerntechnologie fördert Proliferation"
Ausgangssituation	Regierung handelt aufgrund eines bestehenden Beschlusses	Regierung handelt unter der Bedrohung durch einen Konflikt und Unsicherheit über die gegnerischen Absichten
Ziel	Herstellung von Nuklearwaffen	Vermeidung von Sicherheitsrisiken
Rolle der politischen Umwelt	nicht oder nur wenig relevant	sehr relevant
Grundlage der Entscheidung	nicht ausgeführt	"worst case"-Analyse
Leitendes Prinzip	ökonomische und technische Effizienz	Vermeidung politischer Kosten
Beziehung zwischen Ziel und Mitteln	ökonomisch-technische Zweckrationalität bei der Verfolgung eines eindeutigen Ziels	politische Teilrationalität bei der Befolgung widersprüchlicher Ziele
Inhalt der Entscheidung	kleines Waffenprogramm (offen oder verdeckt)	"ruhende Option" durch verdeckten Bau einer Wiederaufbereitungsanlage
Art der Eskalation	mit einem Schritt über die nukleare Schwelle	mehrere kleine Schritte an die nukleare Schwelle
Gesichtspunkt der These	technisch-ökonomisch	politisch

Die Umstände, unter denen die Amerikaner die erste Kernwaffe produzierten, sind diesem Modell nicht unähnlich: Der bewaffnete Konflikt mit einen Gegner, dem aufgrund seiner (zivilen) kernphysikalischen Leistungen die Herstellung einer Waffe zuzutrauen war, über dessen Absichten und Kapazitäten jedoch keine letztendliche Sicherheit der Information vorlag.

Es geht hierbei also keineswegs um die Unterstellung böser Absichten (24); es geht um die Anerkennung der Tatsache, daß unter den gegebenen Bedingungen des internationalen Systems bestimmte Umstände eine nukleare Option als wünschbar erscheinen lassen können. Ein exponentiales Wachstum der Kernenergie in den nächsten 20 bis 30 Jahren trägt zur Schaffung solcher Umstände bei.

8. Energiebedarf in der Dritten Welt und die Energiepolitik der Industriestaaten

8.1. Nuklearimporte und Energiebedarf

Man hat die Entwicklung der Kernenergie als unverzichtbar für die Dritte Welt bezeichnet: Sie trage gleichzeitig zur Deckung des wachsenden Energiebedarfs, zur Erleichterung der durch Ölimporte verursachten Zahlungsbilanzprobleme, zur nationalen Unabhängigkeit und zur wirtschaftlichen und technischen Entwicklung in der Dritten Welt bei.

Diese These beruht jedoch mehr auf dem Interesse am Nuklearexport als auf entwicklungspolitischen Tatsachen:

1. Kernenergie erfordert hohe Kapitalinvestitionen, die weitgehend durch Fremdfinanzierung aufgebracht werden müssen. Die Entlastung der Zahlungsbilanz kann frühestens in 5 bis 10 Jahren stattfinden, wenn die importierten Reaktoren zu arbeiten beginnen. Zugleich aber belastet der Schuldendienst für die Finanzierungskredite die Zahlungsbilanzen noch weiter.

2. Ressourcen im Management, Wissenschaft, Ingenieurswesen und qualifiziertem Personal sind in den Entwicklungsländern knapp und teuer. Die Kernenergie erfordert eine überproportionale Zuweisung solcher Ressourcen. Dadurch werden nicht nur infrastrukturell wichtige andere Sektoren (Erziehung, Gesundheit, Verkehr, Bewässerung, Landwirtschaft), sondern auch Energietechnologien vernachlässigt, die den Verhältnissen der Entwicklungsländer besser angepaßt sind.

3. Die zentralisierte Elektrizitätserzeugung durch Kernenergie geht an dem spezifischen Energiebedarf der meisten Entwicklungsländer völlig vorbei. Die Infrastruktur erlaubt nämlich nicht den Transport der erzeugten Elektrizität in die länd-

lichen Bedarfsgebiete. Sowohl zeitlich als auch finanziell liegt die Schaffung eines angemessenen Netzes außerhalb der realen Möglichkeiten. So ist vor allem die normale Reaktorkapazität (1.000 Megawatt und größer) für die Stromverteilungsnetze der Entwicklungsländer viel zu groß. Erst ab einer installierten elektrischen Kapazität von 20.000 Megawatt sind Einheiten von 1.000 Megawatt ohne Risiken für die Versorgungssicherheit im Falle technischer Störungen tragbar. Diese Größe ist in absehbarer Zeit in den meisten Entwicklungsländern nicht zu erwarten.

4. Zudem leistet die Kernenergie keinen Beitrag zur Lösung des größten Entwicklungsproblems, der Beseitigung des Teufelskreises von hochtechnisierter Exportindustrie, rückständiger Landwirtschaft und Massenarbeitslosigkeit. Im Gegenteil, sie ist <u>nicht arbeits-, sondern kapitalintensiv,</u> schafft also keine Beschäftigungsmöglichkeiten für die reichlich vorhandene gering qualifizierte Arbeitskraft.

5. Außerdem scheinen die Reserven der Dritten Welt an konventionellen Energieträgern stark unterschätzt, das Wachstum von Stromerzeugung und Kernenergiebedarf stark überschätzt worden zu sein (25).

Der Barber-Report, eine für die amerikanische Energieforschungs- und Entwicklungsbehörde (ERDA) angefertigte Untersuchung, untermauert diese Thesen. Kernenergie ist ganz eindeutig auf die Strukturen der Industriestaaten zugeschnitten (26). (Dok. 5)

Es existiert bis heute keine seriöse, detaillierte Einschätzung und Prognose des Energieverbrauchs und -bedarfs der Entwicklungsländer. Dies liegt zum Teil am Mangel an statistischen Daten, zum Teil aber auch an der einseitigen Orientierung der Datenerhebung an den Maßstäben der Industrieländer. Die Energiebilanzen erfassen z. B. die traditionellen ländlichen Energieträger wie Holz oder Mist gar nicht. Diese tragen jedoch in erheblichem Umfang zur Primärenergieerzeugung in vielen Ländern bei (27).

Die Statistiken, aus denen das exponentielle Wachstum der Kernenergie in diesen Ländern abgeleitet wird, erfassen auch nicht die detaillierte Bedarfsstruktur nach einzelnen Sektoren und Entwicklungsmöglichkeiten. Sie vernachlässigen darüber hinaus eine Reihe von Studien, die vor allem für die ländlichen Gebiete in den Entwicklungsländern die Chancen alternativer Technologien nachgewiesen haben (28).

8.2. Motivation für Nuklearimporte: Die Energiepolitik der Industrieländer

Die Eliten der Entwicklungsländer orientieren sich an dem Standard westlicher Industrieländer als ihrem entwicklungspolitischen Leitbild. Sie bemühen sich, die vorhandene Lücke, ein Symptom internationaler Ungleichheit, nicht noch größer werden zu lassen. Sie sind daher vor allem sensibel gegenüber technischen Neuerungen, die in den Industrieländern als fortschrittlich und richtungweisend gelten. Ihr Anspruch auf Gleichheit im internationalen System drückt sich im Wunsch nach jeder als fortschrittlich ausgegebenen Technologie aus.

Auf die Kernenergie trifft diese Beschreibung zu. Sie wurde von den westlichen Regierungen seit dem "atoms for peace"-Programm Eisenhowers als das Symbol des technischen Fortschritts behandelt. Nach der Energiekrise von 1973/74 dominierte sowohl in den USA (Nixon's "Project Independence") als auch in Europa (die Doktrin des "weg vom Öl") eine Politik der Energieunabhängigkeit, für die die Kernenergie als unverzichtbare Grundlage galt. Die Politik der Energieautarkie hat sich als unrealistisch erwiesen. Dennoch hatte die leichtfertige Verwendung des entwicklungspolitisch symbolischen Begriffs "Unabhängigkeit" auf die Orientierung der Entwicklungseliten wichtige Folgen. Die extensive Nutzung der Kernenergie, der Wiederaufbereitung und der Brutreaktoren erzeugen in der Dritten Welt unweigerlich das Bedürfnis nach dem Zugang zu diesen Technologien. (Dok. 3)

Zwei Merkmale westlicher Energiepolitik sind dafür mitverantwortlich:

1. Die Bundesrepublik und die USA haben sich bis heute nicht zu <u>wirksamen Einsparungsmaßnahmen</u> bereitgefunden und statt dessen auf die Erweiterung des Energieangebots durch die Expansion der Kernenergie gesetzt. Kernenergie erschien so in der Orientierung der Entwicklungseliten als einziger Ausweg für ihre Energieprobleme.

2. Regierungen und Industrie spielten die technischen Probleme der Kernenergie systematisch herunter. So entstand der positive Eindruck einer sicheren, sauberen und leicht und risikolos zu handhabenden Technologie ohne Rücksicht auf die unterschiedlichen Infrastrukturen in Nord und Süd.

8.3. Die Rolle der Forschungspolitik der Industrieländer

Die sachlich unbegründete Priorität der Kernenergie in der Forschungsförderung hat zu einer Vernachlässigung gerade derjenigen Alternativen geführt, für die die Entwicklungsländer geographische, geologische und klimatische Standortvorteile besitzen (günstige Windströmungen in Küstenstaaten; hohe Sonneneinstrahlung in Wüsten- und Savannengebieten; geothermische Energienutzung in vulkanischen Gebieten; Biokonversion in tropischen Gegenden; Nutzung einheimischer Ressourcen an konventionellen Energieträgern). (Dok. 6)

Im Energieforschungsprogramm des BMFT 1977 - 1980 ist kein Posten für eine spezielle Energieforschung für die Entwicklungsländer ausgewiesen. Die bilateralen Programme sind bisher sehr bescheiden finanziert. Zudem fehlt ein internationales Forum, das die an sich vielversprechenden Einzelansätze der Energieforschung in den Entwicklungsländern koordinieren und entsprechende Anforderungen an die Forschungspolitik der Industrieländer stellen könnte: Es gibt kein nicht-nukleares Gegenstück zur IAEA.

Da nur die Industrieländer zu einer aufwendigen Forschung in der Lage sind, bestimmen sie die Orientierungsmöglichkeiten der Regierungen in der Dritten Welt für ihre Entwicklungsplanung (29). Das völlige Versagen der Forschungspolitik im Energiesektor gegenüber dem spezifischen Entwicklungsbedarf ist ein entscheidender Faktor bei der Fehlorientierung der Entwicklungsländereliten. (Dok. 7)

8.4. Die Nuklearexportpolitik

Die Exportpolitik der Industriestaaten ergibt sich nicht aus dem Energiebedarf der Entwicklungsländer, sondern aus der Fehlentwicklung der Nuklearindustrie. Diese Industrie ist bis zu einer Größenordnung staatlich subventioniert worden, bei der ihre Wirtschaftlichkeit nicht mehr vom Inlandbedarf allein gedeckt werden kann. Der notwendige Ausstoß von 6 Einheiten pro Jahr macht den Export für die KWU zu einer ökonomischen Notwendigkeit (30). Der Druck der Industrie und ihrer zu Recht um ihre Beschäftigung besorgten Arbeitnehmer hat schon im Falle Brasilien dazu geführt, daß wichtige Sicherheitsinteressen zugunsten der kurzfristigen Unternehmensinteressen mißachtet worden sind. Die finanzielle Förderung der Exporte in harter Konkurrenz mit anderen Exporteuren hat den Wettbewerb gegen andere Energiearten zugunsten der Kernenergie in den Entwicklungsländern zusätzlich verzerrt.

Der Aufbau einer exportabhängigen Kernindustrie seit Mitte der 50er Jahre vernachlässigte weitgehend welt- und sicherheitspolitische Gesichtspunkte.

8.5. Kerntechnologie als politisches Symbol: Zur Motivation der Schwellenstaaten

Ein ernstes Hindernis jeder Anti-Proliferationspolitik stellt die komplexe Motivation derjenigen Entwicklungsländer dar, die als Schwellenstaaten bezeichnet werden. Ihre relative ökonomische, politische, regionalpolitische oder militärische Stellung steht im Ungleichgewicht zu ihrem weltpolitischen Status. Iran, Argentinien, Brasilien, Algerien, Mexiko sind als Beispiele zu nennen. Eine wachsende Differenz zwischen Aspirationsniveau und tatsächlicher Erfüllung der eigenen Wünsche bildet einen erheblichen Antrieb zur Veränderung des Status quo. Die Nukleartechnologie wird in diesem Zusammenhang zu einem unschätzbaren politischen Status-Symbol, da sie mehrere Bereiche der internationalen Asymmetrie gleichzeitig abdeckt:

1. Sie ist ein Symbol höchsten technischen Standards.

2. Sie ist ein Symbol wirtschaftlichen Fortschritts.

3. Sie ist ein Symbol nationaler Unabhängigkeit.

4. Sie ist gerade aufgrund ihrer zivil/militärischen Ambivalenz ein Symbol von Macht.

Die Internationalen Tagungen in Salzburg und Persepolis im Jahre 1977 haben die außerordentliche Symbolbedeutung in der Nukleartechnik nachdrücklich bestätigt. In der Forderung nach Zugang zu allen, auch den sensitiven Nukleartechnologien, bestand eine bemerkenswerte Einigkeit zwischen den Entwicklungsländern. Vor allem in den Äußerungen von Vertretern der Schwellenstaaten trat die funktional-rationale Begründung (wirtschaftlich, entwicklungspolitisch) hinter die politisch symbolische Forderung nach dem Recht auf uneingeschränkte Anwendung dieser Technologie zurück. Unilaterale Aktionen der USA fallen fast automatisch in die Kategorien von Imperialismus oder Neo-

Kolonialismus und lösen scharfe Abwehrreaktionen aus. Man erhob sogar den Vorwurf, die Amerikaner wollten NPT und IAEA in Frage stellen (31).

Zudem hat sich in den Schwellenländern in den Jahren nach dem Atoms-for-Peace-Program eine feste und politisch einflußreiche nukleare Lobby entwickelt, deren Interessen mit dem weiteren Ausbau der Kernenergie eng verknüpft sind und die verständlicherweise für eine uneingeschränkte Weiterentwicklung plädieren. Aus denselben Kreisen kommt auch die Unterstützung für nationale Waffenprogramme.

Der Einfluß solcher Gruppen auf die Entscheidungen dieser Länder ist in einigen Fällen überzeugend nachgewiesen worden.
Eine Gegenlobby ist durch die Vernachlässigung der Alternativen sehr schwach. Es fehlt auch ein internationales Kommunikationszentrum vom Range der IAEA (32).

3. Teil: Möglichkeiten einer deutschen Anti-Proliferationspolitik

Die Bundesrepublik als eines der wirtschaftlich mächtigsten Länder der Erde wird die Entwicklung der Proliferation nachhaltig beeinflussen. Angesichts der starken Interessen der USA und einer Reihe anderer OECD-Länder an der Eindämmung der Weiterverbreitung kommt der deutschen Politik sogar entscheidende Bedeutung zu.

9. Der Atomwaffensperrvertrag und die Kontrollen der IAEA

9.1. Inhalt und Bedeutung des NPT

Im NPT verpflichten sich Kernwaffenstaaten und Nicht-Kernwaffenstaaten wechselseitig, atomare Sprengkörper nicht weiterzugeben bzw. zu erwerben oder herzustellen. Importe von Spaltstoff und kerntechnischen Anlagen in Nicht-Kernwaffenstaaten stehen unter internationaler Kontrolle. Die Anlagen der Kernwaffenstaaten werden hiervon nicht berührt. Die Nicht-Kernwaffenstaaten haben Anspruch auf die Übermittlung der technologischen Kenntnisse der Kernwaffenstaaten zur friedlichen Nutzung der Kernenergie einschließlich "friedlicher Explosionen". Außerdem gehen die Kernwaffenstaaten eine Verpflichtung zur nuklearen Abrüstung ein.

Die Bedeutung des NPT liegt vor allem in der <u>Vertrauensbildung</u> im internationalen System. Der Kernwaffenverzicht von 2/3 der Nationalstaaten und die Kontrollen in diesen Staaten dämpfen die Motivation zur Herstellung von Kernwaffen und erschweren eine solche Entscheidung auch praktisch.

9.2. Schwächen des NPT

Der NPT enthält zwei grundsätzliche Schwächen:

1. Er unterscheidet zwischen friedlicher und militärischer Technologie und ignoriert ihren Zusammenhang. Er blockiert daher einerseits die Ausbreitung von Waffen, andererseits fördert er aber die Ausbreitung von Kapazitäten zur Waffenproduktion. Das klarste Indiz hierfür ist die ausdrückliche Befürwortung "friedlicher Explosionen".

2. Er hält die bestehende militärtechnologische Asymmetrie verbindlich fest, ohne mit gleicher Verbindlichkeit die Reduktion dieser Asymmetrie vorzuschreiben: Das Abrüstungsgebot in § 6 ist vage formuliert. Die Ungleichheit drückt sich auch darin aus, daß die Kernwaffenstaaten nicht zur Annahme von Kontrollen ihrer friedlichen nuklearen Aktivitäten verpflichtet sind. Dieser letzte Aspekt bildete für eine Reihe von Staaten den Grund oder den Vorwand, dem Vertrag fernzubleiben: u. a. für Frankreich, VR China, Indien, Brasilien, Chile, Israel, Pakistan, Südafrika, Spanien, Uganda, Nordkorea, Taiwan, Algerien, Argentinien. Das Verharren dieser Staaten außerhalb des Vertrags stellt ein Defizit dar; seine vertrauensbildende Funktion kann er erst bei globaler Geltung wirksam erfüllen.

Der NPT ist zudem kündbar. Binnen 90 Tagen kann jeder Teilnehmer von dem Vertrag zurücktreten, "wenn außerordentliche Ereignisse die übergeordneten Interessen des Landes gefährden". In diesem Falle enden auch die Kontrollen.

9.3. Die Kontrollen der IAEA

Die IAEA vollzieht die vom NPT vorgeschriebenen Kontrollen (IAEA-Dokument INFCIRC 153). Darüber hinaus kontrolliert sie auch Aktivitäten unter zweiseitigen Abkommen zwischen Exporteuren und Importeuren außerhalb des NPT (INFCIRC 66 Rev. 2). Die letzteren Kontrollen beziehen sich zumeist nur auf die zwischen den jeweiligen Vertragsparteien gehandelten Materialien und Anlagen und sparen die sonstigen kerntechnischen Aktivitäten des Importlandes aus.

Die Kontrollen bestehen

1. aus der Messung des Spaltstoffflusses an "strategischen Punkten", beispielsweise am Eingang und Ausgang des Reaktorkerns, sowie aus Berichten über diese Messungen, die einen Vergleich der theoretisch erwartbaren und tatsächlich gemessenen Materialquantitäten ermöglichen,

2. aus der automatischen Überwachung (Siegel, Schlösser, automatische Kamera) von Behältern mit Spaltmaterial, wodurch eine heimliche Entnahme erschwert werden soll,

3. aus Inspektionen durch Beamte der IAEA.

9.4. Schwächen der Kontrollen

Kontrollen unter INFCIRC 66, in denen nicht alle Aktivitäten eines Nuklearimporteurs überwacht werden können, machen eine Aussage über die Gesamtaktivität des kontrollierten Staates nicht möglich. Dies gilt natürlich auch, wenn ein NPT-Staat getarnte Anlagen betreibt.

Zudem hat die IAEA nicht die Befugnis zum physischen Schutz des Materials. Sie kann die Abzweigung von Spaltstoff nicht verhindern, sondern lediglich im Nachhinein aufdecken.

Auch diese Entdeckungsfähigkeit ist jedoch begrenzt. Es existiert ein bestimmter Betrag an Material, als MUF (material unaccounted for) bezeichnet, der ohne menschliche Einwirkung verschwinden kann. Solche Verluste entstehen

1. durch den spontanen Zerfall einzelner Atome sowie den Verfall im Reaktorprozeß; beides kann nur statistisch - innerhalb bestimmter Bandbreiten -, nicht aber exakt vorausgesagt werden,

2. durch Korrosion während Produktion, Transport, Nutzung und Lagerung,

3. durch Ungenauigkeit der Meßinstrumente.

Da die MUF-Toleranzen relativ eng sind (1 % für große Wiederaufbereitungsanlagen, 0,5 % für alle anderen Stationen des Brennstoffkreislaufs werden angestrebt), stellen sie bei kleineren Materialmengen noch kein Problem dar. Bei dem geplanten Wachstum der Kernenergie jedoch ergeben sich ernste Probleme: Ein systematisches Abzweigen von Reaktorplutonium <u>innerhalb</u> der MUF-Toleranzen könnte genug Material für Bombemproduktion ergeben (Tabelle 7).

Tabelle 7: Bombenproduktionspotential durch Reaktorplutonium in der Dritten Welt, Projektion für 1990

Staat	1 Markt für Nuklearreaktoren zwischen 150 und 1.500 MW (MW)	2 Jährliche Plutonium-Produktion+) (kg)	3 Anzahl der produzierbaren Bomben++)	4 Prozentsatz der Plutonium-Produktion für eine Bombe (%)
Indien	27.700	2.720	544	0,18
Brasilien	10.800	1.080	216	0,46
Mexiko	20.900	2.090	418	0,23
Argentinien	6.600	660	132	0,75
Iran	5.600	560	112	0,89
Taiwan	10.000	1.000	200	0,50
Venezuela	4.200	420	84	1,19
Korea	4.400	440	88	1,13
Türkei	5.000	500	100	1,00
Pakistan	4.800	480	96	1,04
Ägypten	5.000	500	100	1,00
Israel	3.900	390	78	1,28
Thailand	3.700	370	74	1,35
Philippinen	4.800	480	96	1,04
Hong Kong	3.200	320	64	1,56
Singapur	4.300	430	86	1,16
Bangladesh	4.000	400	80	1,25

+) Es wird von einer 50 %igen Realisierung der Projektion in Spalte 2 ausgegangen. Es wird mit einer Produktion von 200 kg Plutonium pro 100 MW im Jahr gerechnet.

++) Es werden 5 kg pro Sprengkörper angenommen.

Quelle: Barber Associates: LDC Nuclear Power Prospects, 1975-90. Commercial, Economic and Security Implications (ERDA-52) September 1975

Die Kontrollen der IAEA sind als vertrauensbildende Maßnahmen für die Politik der Non-Proliferation unverzichtbar, auch wenn sie keine Garantien bieten. Aus diesem Grunde dürfen die Möglichkeiten dieser Kontrollen von dem Wachstum des Nuklearmarktes nicht überfordert werden. Eine voreilige und übermäßige Expansion der Kernenergie erscheint unter diesem Gesichtspunkt nicht ratsam.

10. Die neuere amerikanische Diskussion über das Problem der Weiterverbreitung von Kernwaffen

10.1. Neue Gesetzesinitiativen

Die Initiativen zur Reform der amerikanischen Anti-Proliferationspolitik waren zunächst von der Legislative ausgegangen. Mit dem Einzug von Jimmy Carter ins Weiße Haus jedoch wurde die Eindämmung der Proliferation auch für die Administration ein vorrangiges außenpolitisches Ziel.

Die Administration stand vor der Schwierigkeit, einerseits den Ernst ihres Non-Proliferationsengagements der amerikanischen und der Welt-Öffentlichkeit deutlich zu machen, andererseits aber radikalere unilaterale Maßnahmen, die im Kongreß diskutiert wurden, zu entschärfen. Der Vorsitzende des Government Operations Committee im Senat, Ribicoff, schlug ein Kartell aller nuklearen Exportstaaten vor. Das Kartell sollte den Markt nach einem fixen Prozentsatz unter seine Teilnehmer aufteilen sowie alle Nicht-NPT-Mitglieder boykottieren. Im Entwurf des Senators Glenn war ein Moratorium für amerikanische Nuklearexporte vorgesehen. Das im März 1978 unterzeichnete Gesetz ist das Ergebnis der einjährigen Arbeit von Regierung und Kongreß und stellt einen Kompromiß dar. Es enthält folgende wichtige Regelungen:

1. die politische Prüfung jeder einzelnen Lizenz für Nuklearexporte unter Federführung des Außenministeriums,

2. ein Verbot des Exports sensitiver Anlagen und eine Begrenzung des Exports von Plutonium auf wenige Gramm, von hochangereichertem Uran auf weniger als 15 kg pro Exportvertrag; größere Mengen müssen unmittelbar vom Präsidenten genehmigt werden.

3. die Auflage, bei neuen Exportverträgen alle nuklearen Aktivitäten des Importeurs den IAEA-Kontrollen zu unterstellen und die alten Verträge mit diesem Ziel neu zu verhandeln.

4. Verzicht des Importeurs auf die eigene Entwicklung sensitiver Anlagen

5. Exportsperren treten im Fall der Detonation eines nuklearen Sprengsatzes sowie der "Beihilfe" zu solchen Detonationen durch Exporte aus Drittländern in Kraft. Auch Exporteure unkontrollierter sensitiver Anlagen werden durch amerikanische Exportsperren bedroht.

6. Die Wiederaufarbeitung von Reaktorabbrand in Ländern, die Brennmaterial oder Anlagen aus den USA erhalten, soll von der Zustimmung der amerikanischen Regierung abhängig sein.

Unmittelbar nach Inkrafttreten des Gesetzes forderte Carter die Euratom-Mitglieder ultimativ zu einer Neuverhandlung der bestehenden Verträge auf. Inzwischen ist die erste europäische Anlage, durch die Verweigerung einer Lizenz für hoch angereichertes Uran, betroffen. Ziel dieser Politik ist es, durch Neuverhandlung eine Verschärfung der Kontroll- und Sicherungsmaßnahmen zu erreichen.

Diese Verschärfung der amerikanischen Exportpolitik macht deutlich, daß das Proliferationsproblem sehr ernstgenommen wird. Freilich haben auch solche Veränderungen nur begrenzte Auswirkungen; sie lassen die Möglichkeit von Vertragskündigungen und getarnten Aktionen sowie die Schwächen der IAEA-Kontrollen unberührt. (Dok. 9)

10.2. Die Politik der Anreize

Die <u>positiven Anreize</u> in der Anti-Proliferationspolitik der neuen Administration zielen darauf ab, die energiepolitische Motivation von Nicht-Kernwaffenstaaten zum Erwerb sensitiver Anlagen aufzufangen. Das amerikanische Angebot besteht aus zwei Teilen:

1. amerikanischen <u>Versorgungsgarantien</u> für leichtangereicherten Uranbrennstoff. (Diese Maßnahme soll die Bedenken über die Unsicherheit des Uran-Marktes ausräumen. Diese Unsicherheit ist ein Hauptgrund für das Interesse an Anreicherungsanlagen sowie für die Nutzung des wiederaufbereiteten Plutoniums als Reaktorbrennstoff.)
Diese nun auch durch das Non-Proliferationsgesetz abgedeckte amerikanische Bereitschaft ist gerade für die deutsche Diskussion von überragender Wichtigkeit, da hier die Unsicherheit der Uran-Versorgung als Argument für eine vorzeitige Entwicklung von Wiederaufbereitung und Brüter ins Feld geführt wird (33).

2. <u>Übernahme von Reaktorabbrand</u> durch die USA. (Der Abbrand soll bis zur endgültigen Entscheidung über die Wiederaufbereitung gegen eine einmalige Gebühr in Amerika zwischengelagert werden. Damit ließe sich die Lagerung größerer Mengen Plutonium in Nicht-Kernwaffenstaaten vermeiden.)

3. <u>Die Unterstützung bei der Erarbeitung alternativer Energiesysteme</u>
Dieses von der Administration im Jahre 1977 begonnene und zunächst bescheiden finanzierte Programm ist durch das neue Non-Proliferationsgesetz verbindlicher Bestandteil der Non-Proliferationspolitik geworden.

Die unter 1 und 2 genannten Maßnahmen können sicher nur als

Provisorium betrachtet werden, da die anvisierten Wachstumsraten für die Kernenergie auf Dauer selbst die amerikanischen Möglichkeiten überschreiten werden. Überdies könnte ein solches Angebot sogar in manchen Ländern Bedenken gegen die Nutzung der Kernenergie zurückdrängen und so zu einer beschleunigten Proliferation nuklearer Kapazitäten führen.

10.3. Die London-Gruppe der Exporteure

Die London-Gruppe ist der Zusammenschluß der wichtigsten Nuklear-Exporteure (USA, Sowjetunion, Großbritannien, Frankreich, Kanada, Bundesrepublik Deutschland, Japan, Italien, Belgien, Niederlande, Polen, CSSR, DDR, Schweden und Schweiz). Ihre im Jahre 1975 von den USA initiierte Arbeit brachte als bisher wichtigstes Ergebnis die im Januar 1978 veröffentlichten Richtlinien für den Nuklearexport hervor. Diese Richtlinien stellen eine freiwillige Vereinbarung der Lieferstaaten ohne bindende Verpflichtung dar. Die Exportländer verlangen von den Importeuren die Anwendung von IAEA-Sicherungsmaßnahmen auf eine erweiterte Liste nuklearbezogener Exportgüter, auf Anlagen, die mit Hilfe oder nach dem Modell des Exportguts vom Importeur produziert werden, und auf reexportierte Güter. Sie fordern Garantien des physischen Schutzes der Anlagen sowie den zugesicherten Verzicht auf die Herstellung von Kernsprengkörpern. Die Exporteure legen sich "Zurückhaltung" beim Export sensitiver Anlagen auf (sie verweigern den Export jedoch nicht grundsätzlich). Uran darf den importierten Anreicherungsanlagen nicht ohne Zustimmung des Exporteurs und Information der IAEA über 20 %, d. h. waffengradig, angereichert werden.

Diese Richtlinien stellen eine Vereinheitlichung der Exportpolitik und eine Straffung und Stärkung der internationalen Sicherungsmaßnahmen dar. Wenn auch die Verpflichtungen aus dem NPT davon unberührt bleiben sollen, so kann der Abschnitt 2 doch als Revision des NPT gelesen werden, da hier _alle_ Kernsprengsätze (und nicht, wie im NPT, nur unfriedliche) sanktioniert werden.

Dennoch ist hier nur ein Kompromiß zwischen Export- und Sicherungsinteressen erreicht. Insbesondere hat sich die amerikanische Vorstellung nicht durchgesetzt, alle nuklearen Aktivitäten des Importlandes unter IAEA-Kontrollen zu stellen und so die Diskriminierung gegen die NPT-Mitgliedsländer zu beseitigen.

Andererseits haben die Aktivitäten der London-Gruppe Befürchtungen seitens der Importländer in der Dritten Welt erweckt, dieser Zusammenschluß von Industriestaaten sei ein neo-kolonialistisches Kartell, das die technologische Asymmetrie zu verewigen suche.

10.4. Multilaterale Projekte in der amerikanischen Non-Proliferationspolitik

Um jeden Verdacht eines einseitigen Diktats zu zerstreuen, hat sich Carter für die Einberufung der Internationalen Konferenz zur Bewertung alternativer Brennstoffkreisläufe eingesetzt. Sie fand unter Beteiligung einer Reihe von wichtigen Importländern aus der Dritten Welt im Oktober in Washington statt. Carter schlug die Einrichtung einer internationalen Kernbrennstoffbank vor; dort sollen unter IAEA-Aufsicht Ausgleichslager verwaltet werden, aus denen im Notfall Exporte von Uranbrennstoff ergänzt werden können. Auch die Möglichkeit multinationaler, regionaler Wiederaufbereitungsanlagen unter internationaler Kontrolle wird in Amerika diskutiert. Ein dritter multilateraler Ansatz ist durch die internationalen Untersuchungen und Diskussionen über alternative Brennstoffzyklen eingeleitet worden, die weniger proliferationsgefährlich erscheinen als der Plutonium-Kreislauf; z.B. der Thorium-Zyklus wandelt Thorium 232, ein im Vorkommen dem Uran vergleichbares Element, in Plutonium-Reaktoren in das spaltbare U-232 um, das zur Stromerzeugung verwandt werden kann. Die höhere Proliferationssicherheit sehen einige Fachleute in der drastischen Reduktion der Plutonium-Produktion sowie der Möglichkeit, U-233 und U-238 zu mischen, so daß eine Extraktion von waffengradigem U-233 nur das komplexe Anreicherungsverfahren, nicht aber durch das einfachere chemische Brennverfahren erreicht werden kann. Eine endgültige Bewertung scheint jedoch gegenwärtig nicht möglich (34). In der Internationalen Evaluation der Brennstoffkreisläufe (INFCE) arbeiten z. Z. über 40 Staaten in 8 Arbeitsgruppen mit (Verfügbarkeit von Kernbrennstoff und schwerem Wasser; Verfügbarkeit von Anreicherungskapazität; langfristige Bereitstellung von nuklearer Technologie und Kernbrennstoffen; Wiederaufbereitung; Schnelle Brüter; Behandlung verbraucher Brennelemente; Zwischen- und Endlagerung von Abfall; fortgeschrittene Brennstoffzyklen und Reaktoren).

Das Hauptziel der USA liegt hierbei jedoch nicht auf der - gleichwohl wichtigen - technischen Untersuchung. Man hofft darüber hinaus, ein internationales Bewußtsein für die Risiken der Proliferation und die Möglichkeiten ihrer Bekämpfung zu schaffen. Diese Vorschläge wollen einmal dem Vorwurf begegnen, die amerikanische Politik ziele auf eine Monopolisierung der Kernindustrie ab; zum zweiten sollen sie den Nicht-Kernwaffenstaaten den Verzicht auf sensitive Anlagen erleichtern. (Dok. 10)

Die Internationalisierung des Brennstoffangebots wäre ein Provisorium, ebenso ambivalent wie amerikanische Liefergarantien. Die Idee der internationalen Wiederaufbereitung hingegen präjudiziert die vorzeitige Entscheidung für die Wiederaufbereitung, ohne daß das grundsätzliche Problem - waffenfähiges Plutonium im Kernbrennstoff - gelöst wäre (35).

10.5. Die Politik der Selbstbeschränkung: Der Verzicht auf Wiederaufbereitung und Brüter

Die unbefristete Verzögerung von Wiederaufbereitung und Brü-

terprogramm in den USA soll der Überprüfung des künftigen
Energiebedarfs und möglicher Alternativen der Energiegewinnung dienen. Es wird nicht damit gerechnet, daß diese Politik zu Versorgungsschwierigkeiten führt. Carter hofft, ein
deutliches Signal zu setzen. Er will damit die Zweifel über
die Nützlichkeit von Wiederaufbereitung und Brüter zum heutigen Zeitpunkt glaubwürdig demonstrieren und andere Nationen
zur Nachahmung anregen (36). (Dok. 8, 10)

Der Verzicht auf das Brüterprogramm hat zu einer scharfen
Kontroverse zwischen Regierung und Parlament geführt. Der
Kongreß gab der Regierungsforderung nicht nach, nur 35 Mio
Dollar zur vorzeitigen Beendigung des Projekts "Clinch River"
zu bewilligen. Das Kompromißangebot des Parlaments, 80 Mio
Dollar (statt der ursprünglich veranschlagten 150 Mio
Dollar) für die Fortführung des Projektes einzusetzen, wurde
von Carter am 5. 11. mit dem ersten Veto seiner Amtsperiode
abgelehnt (37).

Mit dieser Politik der Selbstbeschränkung erkennt erstmals
die Regierung eines Industrielandes die Leitbildfunktion
und die Auswirkungen einer angeblich rein innen- und energiepolitisch gerichteten Entscheidung auf andere Staaten
und auf das Proliferationsproblem ausdrücklich an. Diese Politik kann aber auf Dauer nur dann erfolgreich weitergeführt
werden, wenn andere Industrieländer mit entsprechenden Reaktionen nachziehen. Aktionen der europäischen Konkurrenz wie
die Gründung des deutsch-französischen Unternehmens zur Entwicklung des Schnellen Brüters haben die Politik der Regierung Carter bisher eher behindert und die negative Einstellung des amerikanischen Kongresses zur Beendigung des Brüterprogramms mitbestimmt (38).

10.6. Beurteilung der amerikanischen Non-Proliferationspolitik

Zwei Gesichtspunkte der amerikanischen Konzeption sind jedoch zu kritisieren:

1. Es besteht ein Widerspruch zwischen der Opposition gegen die zivile Plutonium-Ökonomie und der Förderung einer militärischen Plutonium-Ökonomie in den USA. Dieser Widerspruch vermindert die Glaubwürdigkeit der amerikanischen Position.

2. Die amerikanische Politik versucht einen Kompromiß zwischen kommerziellen nuklearen Interessen und den Zielen der Non-Proliferation. Dieser Kompromiß ist zwangsläufig provisorisch und keineswegs ohne Gefahren.

3. Die Politik Carters zeichnete sich - unter dem Druck eines energischeren Kongresses - durch ein Übermaß an Unilateralismus aus. Dies erzeugte bei Verbündeten und in der Dritten Welt gleichermaßen politische Abwehrreaktionen, die sich eher negativ auf die Chancen der Non-Proliferationspolitik auswirken könnten.

Dennoch vertreten im Vergleich zu den anderen Industriestaaten die USA die fortgeschrittenste Position in der Nicht-Weiterverbreitungspolitik.

11. Plädoyer für eine umfassende Non-Proliferationspolitik

11.1. Politische Grundsätze

Aufgrund der Komplexität der Proliferationsfrage reicht eine auf technische Probleme der Kontrolle und die Regelung des Exports beschränkte Politik nicht aus. Nur ein umfassender Ansatz kann alle wesentlichen Aspekte berücksichtigen. Dabei sollten folgende Grundsätze Beachtung finden:

1. Die Nicht-Weiterverbreitung von Kernwaffen ist ein <u>langfristiges wirtschafts- und sicherheitspolitisches Ziel</u> der Bundesrepublik und hat daher Vorrang vor kurzfristigen und partikularen wirtschaftlichen Zielsetzungen.

2. Ein völliger Stopp der Proliferation ist das anzustrebende <u>Optimalziel</u>.

3. Für die absehbare Zeit wird sich zunächst eine breitere Streuung nuklearer Kapazitäten ergeben. Es kommt jedoch darauf an, <u>die Option auf eine nuklearfreie Zukunft</u> offenzuhalten; diese Möglichkeit könnte sich durch die Fortsetzung der weltweiten Entspannung und durch alternative Lösungen des Energieproblems in den nächsten 20 bis 30 Jahren ergeben.

4. Daher ist es wichtig, die Proliferation <u>solange wie möglich</u> zu verzögern und auf <u>so wenige Akteure wie möglich</u> zu beschränken. Nur dann kann sich das internationale System an die veränderten Stabilitätsbedingungen anpassen, nur dann bleibt auch die nicht-nukleare Option tatsächlich offen.

5. Die <u>Leitbildfunktion</u> der Politik der Industrieländer sowie die internationale <u>Asymmetrie</u> sind als wichtiger Motivationshintergrund zu beachten. Eine einseitige Politik der Verweigerung verbietet sich von selbst. Die eigene Politik muß vielmehr als "gewinnfreie Werbung", d. h. als Vorbild eingesetzt und mit dem Angebot <u>positiver Anreize</u> verknüpft werden.

6. Die <u>vertrauensbildende Funktion</u> des NPT und der IAEA müssen durch Ausdehnung der internationalen Kontrollmöglichkeiten erhalten werden.

11.2. Vorrangige Maßnahmen

1. Politik der Selbstbeschränkung

   Von Zentraler Bedeutung ist der unbefristete Verzicht auf die Einführung von Wiederaufbereitung und Schnellem Brüter. Diese Technologien würden Proliferation unvermeidlich machen und die Möglichkeit einer nicht-nuklearen Zukunft auf Dauer verstellen. Weiterhin sollte bis zur gesicherten Feststellung des wirklichen Energiebedarfs der Bundesrepublik eine vorzeitige Expansion der Kernenergie durch ein Moratorium vermieden werden.

2. Politik der positiven Anreize

   Die Bundesregierung sollte die Gründung eines internationalen Fonds zur Förderung nicht-nuklearer Energiesysteme in den Entwicklungsländern anregen. OECD-Staaten und OPEC-Länder sollten zur Finanzierung eingeladen werden. Dieser Fonds sollte gemeinsame Forschungs- und Entwicklungsprojekte sowie gemeinsame Unternehmen von Industrie- und Entwicklungsländern fördern. Dem Wunsch der Entwicklungsländer auf Gleichbehandlung kann so entsprochen werden, zugleich aber das Bedürfnis nach Übernahme der Kerntechnologie vermindert werden. (Dok. 9)

3. Politik der Ausdehnung der Kontrollen

   Die Bundesrepublik sollte sowohl in der London-Gruppe als auch in der IAEA das unzureichend gelöste Problem der getarnten Aktivitäten aufgreifen. Die Schlüsselkomponenten, die für kleine Aufbereitungsanlagen und Natururanreaktoren verwendet werden können, sollten auf die Liste der kontrollpflichtigen Anlagen gesetzt werden. Der Importeur sollte den Verwendungszweck solcher Geräte angeben müssen; die IAEA sollte die Kontrolle der tatsächlichen Verwendung solcher Komponenten übernehmen. Der Weg zur Kernwaffe würde damit erheblich verzögert und die Vertrauensbildung durch die IAEA gestärkt.

11.3. Flankierende Maßnahmen

1. Energiepolitik

   a) Priorität für eine Politik der Energieeinsparung

   b) Subventionen für eine frühzeitige Kommerzialisierung nicht-nuklearer Alternativen

   c) Erstellung methodisch gesicherter Energiebedarfsrechnungen

2. Forschungspolitik

   a) Beendigung der Priorität für die Kernenergie im Forschungshaushalt

   b) Förderung von entwicklungspolitisch orientierter Energieforschung

3. Entwicklungspolitik

   a) Aufstockung der Entwicklungshilfe für den Zahlungsbilanzausgleich der Entwicklungsländer

   b) Förderung nicht-nuklearer Energiesysteme in der Dritten Welt

   c) Hilfe zur Feststellung des realen Energiebedarfs in diesen Ländern

4. Rüstungspolitik

   a) Kritische Diskussion der neueren taktischen Nuklearwaffen unter dem Gesichtspunkt der Proliferation

   b) Verzicht auf die Neutronenwaffe

   c) Unterstützung der Bestrebungen für ein umfassendes Teststopp-Abkommen

5. Außenpolitik

   a) Diskrete diplomatische Bemühungen, Frankreich, Spanien und Brasilien zum Beitritt zum NPT zu bewegen

   b) Erörterung des Proliferationsproblems in der Europäischen Gemeinschaft und der NATO

6. Nuklearexportpolitik

   a) Verzicht auf den Export sensitiver Anlagen

   b) Beendigung der Subvention für Nuklearexporte

   c) Unterstellung aller Aktivitäten des Vertragspartners unter IAEA-Kontrollen

   d) Einrichtung eines sorgfältigen <u>politischen</u> Prüfungsverfahrens für alle Ausfuhren von Nuklearanlagen

ANMERKUNGEN

Für ihre wertvolle Hilfe bei der Erstellung dieses Reports bin ich Gert Krell, Bernd W. Kubbig und meinen Freunden von der Studiengruppe Atomenergie Frankfurt (STAF) zu großem Dank verpflichtet.

1 So wird diesem Thema selbst in den ansonsten sorgfältig zusammengestellten "Diskussionsleitfaden SPD-Forum Energiepolitik", Bonn 1977, unangemessen wenig Aufmerksamkeit geschenkt. Auch die Industrie vernachlässigt verständlicherweise diesen Punkt in der öffentlichen Debqtte, siehe Heinrich Mandel: Die friedliche Nutzung der Kernenergie. Wirtschaftliche Notwendigkeit und aktuelle Probleme, S. 5 - 28, in: Beiträge zur Konfliktforschung 2/1977. Die Sicherheitsprobleme der Energiepolitik behandelt ausführlich Bernd W. Kubbig: Energie und Sicherheit für Westeuropa: Optionen, Konflikte, Perspektiven, in: Aus Politik und Zeitgeschichte. Beilage zu "Das Parlament", B 5/78, 4. Februar 1978.

2 Der politische Charakter der amerikanischen Diskussion geht vor allem aus Stellungnahmen aus dem Kongreß hervor: Adlai E. Stevenson III: Nuclear Reactors: America Must Act, S. 64 - 76, in: Foreign Affairs, Vol. 53, Oktober 1974; Edward Kennedy: Address to the Delegates of the NPT Review Conference, Genf, in: Bulletin of Peace Proposals 3/1975, S.144/145; Abraham Ribicoff: A Market Sharing Approach to the Nuclear Sales Problem, S. 763-788, in: Foreign Affairs, Vol. 54, Nr. 4, Juli 1976; Stuart Symington: The Washington Nuclear Mess, S. 71-78, in: International Security, Nr. 3, Winter 77. Eine umfa-sende Analyse der Entwicklung der amerikanischen Position leistet Karl Kaiser: Auf der Suche nach einer Welt-Nuklearordnung. Zum Hintergrund deutsch-amerikanischer Divergenzen, S. 153-172, in: Europa Archiv 6/1978

3 Edward Wonder: Nuclear Commerce and Nuclear Proliferation: Germany and Brasil, 1975, S. 277-306, in: ORBIS, Vol. 21 Nr. 2, Sommer 1977.

4 Als Prominentester sei hier genannt der Nobelpreisträger Hans A. Bethe, in: Bulletin of the Atomic Scientists, März 1977, S. 59 ff.

5 Als Befürworter nuklearer Proliferation im Sinne von Gallois lassen sich nennen: Steven Rosen: Nuclearization and Stability in the Middle East, S. 157-184, in: Onkar Marwah/Ann Schulz: Nuclear Proliferation and the Near Nuclear Countries, Cambridge, Mass. 1975; Saul B. Cohen: The Emergence of an New Second Order of Powers in the International System, S. 19-33, in: Marwah/Schulz, siehe oben; R. Robert Sandoval: Consider the Porcupine: Another View of Nuclear Proliferation, S. 17-19, in: Bulletin of the Atomic Scientists, Mai 1976, siehe auch Dokument 2. Für eine gegensätzliche Position argumentieren: Lewis A. Dunn: Nuclear Proliferation

and World Politics, S. 96-109, in: The Annals of the American Academy of Political Science; Nuclear Proliferation. Prospects, Problems and Proposals, März 1977, sowie Hedley Bull: Rethinking Non-Proliferation, in: International Affairs, London, 2/1975, S. 175-189.

6 Die Tabelle soll vor allem der Illustration der unterschiedlichen Konfliktausprägungen dienen und erhebt keinen Anspruch auf die theoretisch erschöpfende Beschreibung der Konfliktstruktur.

7 Für diese Tabelle gilt das bereits in Anmerkung 6 Gesagte.

8 Die Möglichkeit des nuklearen Staatsstreichs diskutieren: Herman Kahn/Lewis A. Dunn: Trends in Nuclear Proliferation, 1975-1995. Projections, Problems and Policy Options. Hudson-Institute, New York 1976.

9 Kahn und Dunn (Anmerkung 8) entwerfen 15 verschiedene Möglichkeiten der kettenartigen Verbreitung von Kernwaffen, bei der jeweils die Entscheidung eines Staates als Auslöser wirkt, siehe auch Dokument 1.

10 Nach Barber Associates: LDC Nuclear Power Prospects, 1975-1990, Commercial, Economic and Security Implications (ERDA 52), September 1975.

11 Kahn und Dunn (Anmerkung 8) nennen diese Staaten in ihrer Untersuchung von kettenartigen Weiterverbreitungsmöglichkeiten (Dok. 1).

12 Siehe dazu HSFK-Report Gert Krell/Peter Schlotter: Zur Diskussion über die taktischen Nuklearwaffen in Europa, sowie Dokument 3.

13 Ein solcher Hinweis findet sich bei: Albert Wohlstetter: Spreading the Bomb Without Quite Breaking the Rules, S. 88-96, S. 145-179, in: Foreign Policy Nr. 25, Winter 1976/77, S. 165.

14 Zur NPT-Überprüfungskonferenz: Onkar Marwah: Epilogue: The NPT Review Conference, Januar 1975, in: Marwah/Schulz (Anmerkung 5), S. 301-313; SIPRI-Jahrbuch 1976 (Stockholm 1976), S. 381 ff., und William Epstein: The Last Chance: Nuclear Proliferation and Arms Control, New York 1976.

15 Insbesondere Rikhi Jaipal: The Indian Nuclear Situation, S. 44-51, in: International Security, Frühjahr 1977, und Ashok Kapur: India's Nuclear Option. Atomic Diplomacy and Decision Making, New York/Washington/London 1976, insbesondere S. 21-23, S. 95-100, sowie Hedley Bull: Arms Control and World Order, S. 3-16, in: International Security, Sommer 1976.

16 K. Subrahmanyam: India's Nuclear Policy, S. 125-148, in: Marwah/Schulz (Anmerkung 5), S. 129.

17 Auch das im Thorium-Zyklus anfallende U 233 ist prinzipiell waffenfähig. Es wird jedoch noch nicht erprobt. Da zudem der Hochtemperatur-Reaktor gegenwärtig und in absehbarer Zukunft nicht exportiert werden wird, kann diese Möglichkeit hier außer Acht bleiben.

18 Mason Willrich/Theodore B. Taylor: Nuclear Theft: Risks and Safeguards, Cambridge, Mass. 1974, S. 6 ff.; National Journal 5/1975, S. 158.

19 John R. LaMarsh: On the Extraction of Plutonium from Reactor Fuel by Small and/or Developing Nations. Report prepared for the National Research Service of the Library of Congress.

20 Dazu LaMarsh, siehe Anmerkung 19, sowie Ted Greenwood/ George W. Rathjens/Jack Ruina: Nuclear Power and Weapon Proliferation, Adelphi Papers 830, London 1976, S. 18, und Albert Wohlstetter (Anmerkung 13), S. 150.

21 Den "grauen Markt behandelt: Lewis A. Dunn: Nuclear 'Grey Marketeering', S. 107-118, in: International Security Nr. 3, Winter 1977.

22 B. M. Jasani: Fast Breeder Reactors, S. 41-55, in: SIPRI: Nuclear Proliferation Problems, Cambridge, Mass., London/ Stockholm 1974, sowie SIPRI Jahrbuch 1977, S. 13 ff.

23 Zu den "Verharmlosern" sind zu zählen: Carl Welske: Nuclear Electric Power and the Proliferation of Nuclear Weapons States, S. 94-106, in: International Security Nr. 3, Winter 1977, und Chauncey Starr: Nuclear Power and Weapons Proliferation: The Thin Link, S. 54-57, in: Nuclear News, Juni 1977; die gegenteilige Position vertreten Theodore B. Taylor: Commercial Nuclear Technology and Nuclear Weapons Proliferation, S. 111-124, in: Marwah/Schulz (Anm.5), Sverre Lodgaard: Reviewing the Non-Proliferation Treaty: Status and Prospects, S. 7-23, in: Instant Research on Peace and Violence 1/1975, S. 9, sowie Wohlstetter (Anm. 13) vor allem S. 149-163.

24 Karl Kaiser: Indiens Atombombe hallt immer noch nach, FR-Dokumentation, 19.4.1978, S. 14.

25 Zum Problem Dritte Welt und Kernenergie äußern sich kritisch: Clarence D. Long: Nuclear Proliferation. Can Congress Act in Time, in: International Security, Frühjahr 1977, S. 52-76, Arjun Makihijani: Solar Energy and Rural Development for the Third World, S. 14-24, in: Bulletin of the Atomic Scientists, Juni 1976, Christoph Hohenemser: Risks of the Nuclear Fuel Cycle in the Developing Coun-

25 (Fortsetzung)
tries, S. 85-110, in: Marwah/Schulz (Anmerkung 5); siehe auch Manfred von Conta: Neue Überlegungen in Brasilien. Zweifel am Atomgeschäft mit Bonn; Süddeutsche Zeitung 2.11.1977, S. 10, sowie Dokumente 5, 6. Völlig irreführend dagegen: Klaus Gottstein: Nuclear Energy for the Third World, S. 44-49, in: Bulletin of the Atomic Scientists, Juni 1977.

26 Barber Associates (Anmerkung 10).

27 Arjun Makhijani/Alan Poole: Energy and Agriculture in the Third World, 1. Kapitel, Cambridge/Mass. 1975, und Denis Hayes: Energy for Development: Third World Options, Worldwatch Paper, 15. Dezember 1977.

28 Z. B. Makhijani/Poole (s.o.); Norman L. Brown (Hg.): Renewable Energy Resources and Rural Applications in the Developing World (Washington 1976).

29 Dazu Denis Goulet: The Paradox of Technology Transfer, S. 38-46, in: Bulletin of the Atomic Scientists, Juni 1975, und Michael J. Brenner: Nuclear Non-Proliferation. Policy Choices and Government Organization. University of Pittsburgh Occasional Papers, S. 4 und S. 25-30.

30 Roger Masters: Standardization and Quality are Priority Items at Kraftwerk Union, S. 39-46, in: Nuclear Engineering International, August 1976.

31 H.-M. Spilker: Zwanzig Jahre IAEA. Entwicklung und Ausblick, S. 455-458, in: Atomwirtschaft

32 Auf den soziologischen Gesichtspunkt wurde ich aufmerksam durch Robert A. Strong, University of Virginia: The Nuclear Weapons States. Why They Want Nuclear (unveröff. Manuskript).

33 Z. B. Editorial "Nicht ohne Brüter", Atomwirtschaft Ausgabe A/Kernenergie und Umwelt, S. I, Juni 1977

34 Harold A. Feiveson/ Theodore B. Taylor/ Frank v. Hippel/ Robert H. Williams: The Plutonium Economy: Why We Should Wait and Why We Can Wait, S. 10-21, S. 46-56, in: Bulletin of the Atomic Scientists, Dezember 1976.

35 "Plutonium recycling does exactly the wrong thing: It focusses the physical security burden at and en route to national reactors, the most numerous components of nuclear fuel cycles", Feiveson u.a. (Anmerkung 29), S. 17/18.

36 Dazu die Äußerungen des Deputy Administrators der ERDA, Robert Fri, in: Congressional Quarterly Weekly Report 25/ 1977, S. 11. Allgemein über die amerikanische Energiepolitik: Ch. Patermann: Grundsätze und Tendenzen des Nuklearexports aus den USA, S. 68-72, in: Atomwirtschaft und Atomtechnik, Februar 1977.

37 Zur Brüter-Debatte in den USA: Wireless Bulletin 211/1977, S. 16-17, sowie 212/1977, S. 8-10.

38 Den Einfluß europäischer Aktionen auf den Kongreß dokumentieren: Congressional Quarterly Weekly Report 25/1977, S. 10, 29/1977, S. 7, sowie Wireless Bulletin 211/1977, S. 17.

DOKUMENTE - Inhaltsverzeichnis

DOKUMENT 1 - S. 60
Hermann Kahn/Lewis A. Dunn: Trends in Nuclear Proliferation, 1975-1995. Projections, Problems, and Policy Options. Hudson-Institute, New York 1976. Projektion 10: Breitgestreute, multiregionale, kettenreaktionsartige Proliferation bis 1995.

DOKUMENT 2 - S. 61
K. Subrahmanyam: India's Nuclear Policy, S. 125-148, in: Onkar Marwah/Ann Schulz: Nuclear Proliferation and the Near-Nuclear Countries, Cambridge, Mass. 1975 (Auszüge)

DOKUMENT 3 - S. 64
J. K. Miettinen: Nuclear Mini-Weapons and Nuclear Weapons which Use Reactor Grade Plutonium. Their Effect on the Durability of the NPT, S. 119-126, in: SIPRI: Nuclear Proliferation Problems, Cambridge, Mass./Longon/Stockholm 1974. (Auszüge)

DOKUMENT 4 - S. 66
Albert Wohlstetter: Spreading the Bomb Without Quite Breaking the Rules, S. 88-96, S. 145-179, in: Foreign Policy Nr. 25, Winter 1976/77 (Auszüge).

DOKUMENT 5 - S. 70
Clarence D. Long: Nuclear Proliferation: Can Congress Act in Time?, S. 52-76, in: International Security, Frühjahr 1977, Vol. 1, Nr. 4 (Auszüge)

DOKUMENT 6 - S. 74
Norman Gall: Atoms for Brazil, Dangers for All, S. 155-2o2, in: Foreign Policy Nr. 23, Sommer 1976 (Auszüge)

DOKUMENT 7 - S. 79
Louis v. Nosenzo: Statement before a Congressional Hearing on U.S. Energy Policy, 28. Oktober, in: Wireless Bulletin Nr. 205, 31.10.1977, S. 11-14 (Auszüge)

DOKUMENT 8 - S. 81
Jimmy Carter: Erklärung zur Energiepolitik vom 7. April 1977, in: Amerika-Dienst 8/1977

DOKUMENT 9 - S. 85
Das nukleare Nonproliferationsgesetz der USA (Regierungsvorlage): Die wichtigsten Punkte, in: Amerika-Dienst 11/1977 (Auszüge)

DOKUMENT 10 - S. 91
Joseph S. Nye: Nukleare Exportpolitik der Vereinigten Staaten, in: Amerika-Dienst 16, 14. Juni 1977 (Auszüge)

DOKUMENT 1:

Herman Kahn/Lewis A. Dunn: Trends in Nuclear Proliferation, 1975-1995. Projections, Problems and Policy Options. Hudson-Institute, New York 1976

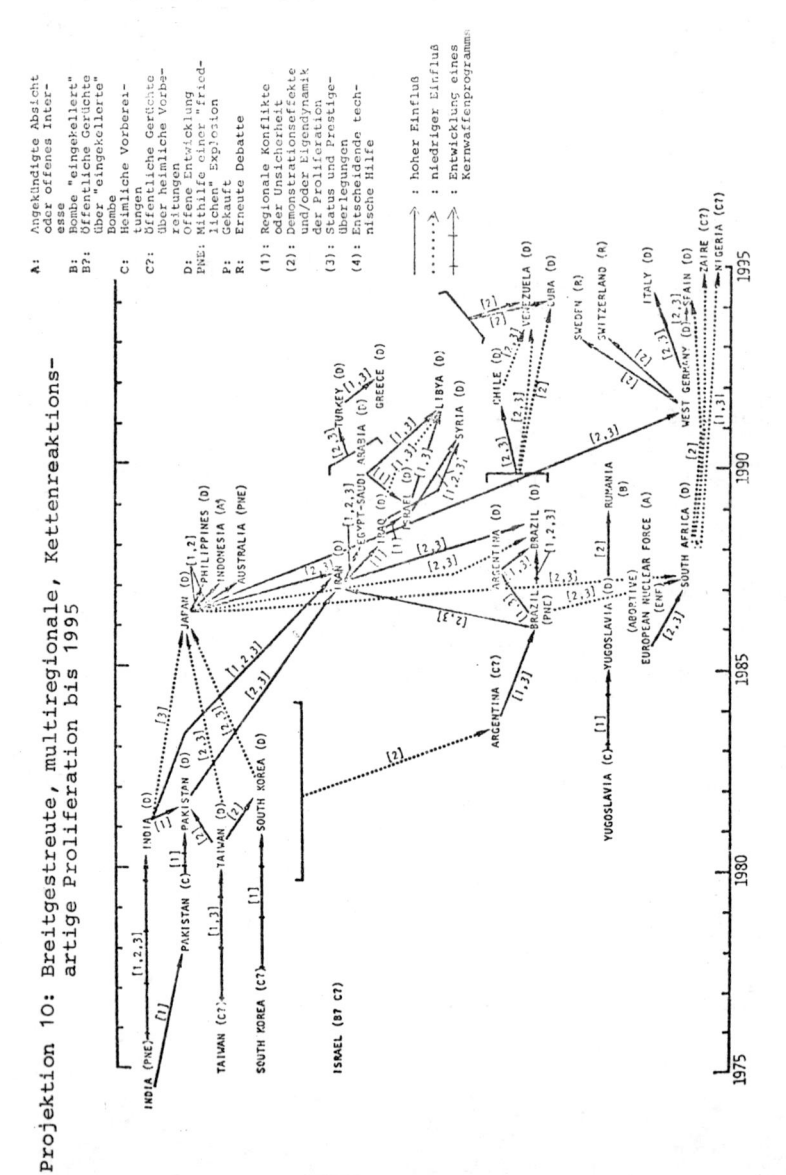

Projektion 10: Breitgestreute, multiregionale, Kettenreaktionsartige Proliferation bis 1995

DOKUMENT 2:

K. Subrahmanyam: India's Nuclear Policy, S. 125-148, in: Onkar Marwah/Ann Schulz: Nuclear Proliferation and the Near-Nuclear Countries, Cambridge, Mass. 1975 (Auszüge)
Zur Person des Autors: Subrahmanyam ist Direktor des indischen Instituts für Verteidigungsstudien und -analysen.

Ist die Vorstellung von einer Welt realistisch, in der gewisse Mächte einer Militärdoktrin folgen, die grundsätzlich auf dem Einsatz von Kernwaffen beruht und zugleich die Übernahme dieser Doktrin durch andere Staaten behindern? Ist ein internationales System möglich, in dem einige Länder politische und technologische Vorteile aus dem Kernwaffenbesitz ziehen und zugleich andere Länder mit ausreichenden technischen Fähigkeiten daran hindern, nach diesen Waffen zu streben? Wieweit sind die nuklearstrategischen Doktrinen realistisch, wieweit stellen sie nur gängige Mythen dar, die die Interessen der Kernwaffenstaaten fördern? Hat schließlich Kerntechnologie irgendeine Eigenschaft, die ausgerechnet in diesem Falle eine Grenzziehung zwischen friedlichem und unfriedlichem Nutzen

Leider wird die Debatte über Nuklearprobleme im allgemeinen unter Gruppen mit ähnlichen Auffassungen in einem bestimmten kulturellen und politischen Milieu ausgetragen; diese grundsätzlichen Fragen werden daher sehr selten gestellt.
(...)
Unter diesen Umständen darf man nicht überrascht sein, daß der Standpunkt der indischen Regierung starke Zweifel in der westlichen Welt auslöste. Diese "Glaubwürdigkeitslücke" zwischen dem Westen und Indien hat eine sehr lange Geschichte. Was den Indern als drückende imperialistische Last erschien, wurde in der westlichen Welt des 19. und der ersten Hälfte des 20. Jahrhunderts als zivilisierende Mission des weißen Mannes angesehen.
(...)

Man wollte uns mit der These von "des weißen Mannes Bürde" einer Gehirnwäsche unterziehen und berücksichtigte dabei nicht die Geschichte der Gewalt in Europa. Als Indien seine Blockfreiheit erklärte, galt in ähnlicher Weise die Glaubwürdigkeit dieser Doktrin als gering, die bis heute von über 90 Staaten der Welt übernommen wurde. Sie wurde als unmoralisch, kommunistenfreundlich oder als Vorwand für imperialistische Ambitionen denunziert. Wir haben diese Phase hinter uns gebracht, und ein Nachfolger John Foster Dulles', Henry Kissinger, erkennt heute den Beitrag an, den die Doktrin der Blockfreiheit zum besseren Verständnis der Komplexität der Welt geleistet hat. Wir sind es daher gewöhnt, mit der Frage nach unserer Glaubwürdigkeit zu leben. Die fünf Kernwaffenmächte entwickeln ihre Nukleartechnologie vorwiegend zur Waffenproduktion und erhalten zivile Vorteile als Nebenprodukt. Es ist für sie unvorstellbar, daß eines der ärmsten Länder unabhängig von ihnen eine eigene Strategie kerntechnischer Entwicklung erarbeitet hat. Es gibt die stillschweigende Annahme, daß alle nuklearstrategische Weisheit bei den fünf Kernwaffenstaaten und ihren engsten Verbündeten liegt.
(...)
Während die russischen Interventionen gegen Staaten des eigenen Blocks gerichtet waren, dehnten sich amerikanische Operationen auf blockfreie Staaten in Indochina aus. Dennoch fällt es dem Westen nicht ein, daß in den Sicherheitsüberlegungen vieler blockfreier Staaten die Wahrnehmung, von den USA bedroht zu sein, zurecht viel tiefer verwurzelt ist als das westliche Gefühl der russischen Bedrohung. Während der Westen nie unter einem kolonialen Joch der Sowjetunion litt, haben die meisten Blockfreien frische Erinnerungen an die koloniale Besetzung durch Westmächte. Die USA lösten sich keineswegs von den Kolonialmächten. Sie gewährten ihnen vielmehr in den letzten 27 Jahren fortgesetzt Schutz und Unterstützung für ihre Versuche, den Kolonialismus zu verlängern und führten - im Fall Indochina - selbst einen Kolonialkrieg.

Die ganze Bedeutung des Vietnamkriegs und der Art der
Kriegsführung wurde weitgehend nicht verstanden.
(...)
Man griff zu einer derartigen Intensität von Bombenangriffen, wie man sie noch nie zuvor erlebt hatte - in einer Situation, wo keine Vergeltung zu befürchten war.
(...)
Die Erfahrung in Vietnam und die Umstände des Atombombeneinsatzes in Japan legen - im Vergleich zu den europäischen und sino-sowjetischen Fronten - den Schluß nahe, daß Massenvernichtungsmittel wie Kernwaffen, umweltzerstörende Waffen etc. nur eingesetzt werden, wenn keine Vergeltungsgefahr und keine Situation wechselseitiger Abschreckung gegeben ist.
(...)
Äußerst selten werden in der Literatur diese Gründe für nukleare Proliferation diskutiert - vor allem das Verhalten der Kernwaffenstaaten als das Motiv Nr. 1 für Proliferation. Wie kann das Verhalten von Kernwaffenstaaten glaubwürdig sein, wenn sie ohne zu zögern eine nukleare Mobilmachung vollziehen wie am 25. 10. 1973!
(...)
Ob auf die Chinesen in Korea oder während der Quemoy-Matsu-Krise Druck ausgeübt werden sollte oder auf die Sowjets während der Kuba-Krise oder des arabisch-israelischen Krieges 1973 oder sogar auf die vietnamesischen Bauern, als sie die amerikanische Garnison bei Khe Sanh belagerten, immer gab es Befürworter des Kernwaffeneinsatzes in der mächtigsten Militärmacht der Welt. Dies hat natürlich seine Auswirkungen auf das Vertrauen der Dritten Welt in das Versprechen der Kernwaffenstaaten, keine Kernwaffen gegen Nicht-Nuklearmächte einsetzen zu wollen."

DOKUMENT 3:

J. K. Miettinen: Nuclear Mini-Weapons and
Nuclear Weapons which Use Reactor Grade Plutonium. Their
effect on the Durability of the NPT, S. 119-126, in:
SIPRI: Nuclear Proliferation Problems, Cambridge (Mass.)/
London/Stockholm 1974. (Auszüge)

Zur Person des Autors: Jorma Miettinen ist Professor an
der Abteilung für Strahlenchemie der Universität von
Helsinki.

Annähernd ein Drittel der Staaten auf der Erde sind dem
NPT noch nicht beigetreten. Diejenigen, die kommerzielle
Reaktoren ohne bilaterale Kontrollen entwickeln, sind
frei, mit dem Reaktorplutonium zu tun, was sie wollen.
Sogar NPT-Vertragsparteien können ihre nukleare Option offenhalten: Vorbereitungen für die Waffenproduktion treffen,
aber Sprengköpfe noch nicht zusammenbauen oder testen.
Genau das werden viele Staaten wahrscheinlich tun, falls
die Kernwaffenstaaten in der Modernisierung ihrer taktischen Nuklearwaffen fortfahren und falls der NPT auf der
Überprüfungskonferenz nicht wesentlich gestärkt wird. Da
die zivilen Programme in jedem Falle Reaktorplutonium hervorbringen, wäre der Aufbau eines militärischen "Mini-Waffensystems" ein billiger und attraktiver Bonus. Berechnungen haben gezeigt, daß Anfang der 80er Jahre, vor Beginn
der Brüterkommerzialisierung, eine Überproduktion an Plutonium bestehen wird. Spaltmaterial wird daher frei zugänglich sein. Die Waffenprogramme der gegenwärtigen Kernwaffenstaaten waren teuer, weil sie Gasdiffusionsanlagen zur Urananreicherung für ihre Reaktoren erstellen mußten. Wenn Plutonium bereits fertig vorhanden ist, bestehen die Kosten
eines Kernwaffenprogramms im wesentlichen nur aus Sprengkopfkonstruktion und -zusammenbau. Obwohl man auch diese
Ausgaben nicht unterschätzen darf, bilden sie nur einen geringen Teil der Gesamtkosten eines vollen Waffenprogramms
auf der Basis der Urananreicherung.
(...)

Daher wird die Existenz von Reaktorplutonium ein neues Kapitel in der Geschichte der Kernwaffenentwicklung eröffnen: Es wird dann für viele Länder möglich sein, ihre eigenen taktischen Nuklearwaffen mit niedriger Sprengkraft zu produzieren.

(...)

Die Entwicklung einer neuen Generation von Kernwaffen - flexibler, nutzbarer im Gefechtsfeld, kleiner und besser - durch eine Vertragspartei (des NPT), während der Vertrag in Kraft ist und andere Teilnehmer zugleich am Erwerb ähnlicher Waffen hindert, verletzt eindeutig den Geist dieses Artikels (§ 6); dieser verlangt Fortschritt in Richtung auf atomare Abrüstung, nicht aber die weitere Entwicklung von Kernwaffen. Es ist wahr, daß der Wortlaut des Artikels sehr vage ist: "Rüstungswettlauf" z. B. ist nicht definiert; man könnte behaupten, daß "mini-nukes" kein Teil des Rüstungswettlaufs sind, da sie nicht effektiver sind als früher bekannte Waffen. Aber das ist nicht wahr. Da sie kleiner und besser sind und da sie einen Schritt in der technologischen Entwicklung darstellen, sind sie in gewisser Weise effektiver und können sehr wohl als Teil des Rüstungswettlaufs verstanden werden. Die fatalste Folge jedoch ist es, daß die Nicht-Kernwaffenstaaten sich nun auf die Verteidigung gegen solche neuen Waffen einstellen müssen; sie könnten mit viel größerer Wahrscheinlichkeit gegen sie eingesetzt werden als die früheren Typen. Daher können die Nicht-Kernwaffenstaaten, die den NPT unterzeichnet haben, sich zurecht als betrogen ansehen. So hat jene zweifelhafte Modernisierung schwerwiegende Konsequenzen für die Fortdauer des NPT.

DOKUMENT 4:

Albert Wohlstetter: Spreading the Bomb Without Quite
Breaking the Rules, S. 88-96, S. 145-179, in: Foreign
Policy Nr. 25, Winter 1976/77 (Auszüge).

Zur Person des Autors: Albert Wohlstetter ist Professor
an der Universität von Chicago.

Neuerdings hat die Bürokratie etwas anders argumentiert: Kommerzielles Reaktorplutonium könne zwar zur Explosion verwandt werden, so gibt man zu; jedoch möglichen Kernwaffenstaaten würde diese Option nicht nutzen. Sie könnten besseres Plutonium billiger und leichter durch den Kauf spezieller Plutonium-Produktionsreaktoren erhalten.

Wenn man jedoch bereits für einen elektrizitätserzeugenden Reaktor gezahlt hat, sind nicht die gesamten, sondern die marginalen, d. h. die zusätzlichen Kosten die entscheidende ökonomische Größe, da man für den Reaktor ja ohnehin zahlt. Wenn man tatsächlich zum geschlossenen Brennstoffkreislauf überginge, würden die Kosten der Wiederaufbereitung den Elektrizitätserzeugungskosten zugeschlagen. Es gäbe dann keine Zusatzkosten für die Trennung von Waffenplutonium. "Unreines" Plutonium wäre so nahezu kostenlos erhältlich. Die Produktion einer größeren Menge von sehr "reinem" Plutonium würde einige Brennstoff- und Operationskosten verursachen, wäre jedoch immer noch ungleich kostengünstiger im Vergleich zu einem ausschließlich militärischen Plutonium-Produktionsprogramm.

Für jede offene Entscheidung für ein Kernwaffenprogramm sind die wichtigeren Kosten die politischen. Das könnte der Grund dafür sein, daß die Pakistanis, Koreaner, Taiwanesen und andere jede solche Absicht ableugnen. Es würde sie militärisch, ökonomisch und politisch schädigen. Sie können sich finanzielle und technische Hilfe und Handelsbeziehungen für einen zivilen Reaktor leichter sichern. Die politischen Kosten wären auch für das exportierende Land zu hoch.

Schließlich scheint die Bürokratie völlig zu vergessen, daß ein Nicht-Kernwaffenstaat unter den geltenden Regeln wichtige Schritte in Richtung auf die Kernwaffenproduktion tun kann ohne eine Vorausentscheidung für ein Waffenprogramm. Er muß nicht als ein "nuklearer Möchtegern" beginnen; er kann seine Auffassung wechseln oder seine Entscheidung später treffen. Er muß dazu keinen speziellen Produktionsreaktor erwerben.

(...)

Die Verbreitung von Kernwaffen in viele Länder wird nicht nur kalkulierbare Abschreckungsmittel verbreiten, sondern zugleich Mittel des Zwanges, der Rücksichtslosigkeit oder der überlegten Zerstörungsangriffe. Nicht alle Nukleardrohungen werden durch die überzeugende Androhung der Vergeltung ausgeglichen. Das Risiko wird erheblich steigen. In den unstabilen Teilen der Welt werden die Verwüstungen in kurzen Konflikten enorm anwachsen. Im mittleren Osten könnten beispielsweise die Araber einige Millionen und die Israelis eine Million Menschenleben (im Vergleich zu einigen Tausend im Yam-Kippur-Krieg) als Folge eines kurzen Nuklearabtausches einbüßen, bevor Drittmächte den Konflikt einzudämmen in der Lage wären. In einem konventionellen Krieg dauert es lange oder bedarf es großer Ressourcen, so viele Menschen zu töten, wie es wenige Kernwaffen im Verlaufe von Stunden tun. Die Ausbreitung von Atomwaffen wird unsere Fähigkeit zur Kontrolle über die Ereignisse reduzieren. Sie wird einen zersetzenden Einfluß auf Allianzen haben, unsere überseeischen Truppen neuen Risiken aussetzen und letztlich unsere Verteidigungsanstrengungen verteuern, um die USA sowohl gegen kleinere staatliche wie nicht-staatliche nukleare Terrorangriffe zu schützen. Sogar weiter entfernte kleinere Staaten wären in der Lage zu Angriffen auf die USA, wenn sie Frachtschiffe und Raketen mit geringer Reichweite, wie die sowjetische SCUD, benutzen.

Selbst wenn eine solche Entwicklung - wie behauptet wird -

"früher oder später" unvermeidlich sein sollte, wäre später besser als früher und weniger besser als mehr.
(...)
Die Verbreitung eindämmen heißt, die Nachfrage nach Kernwaffen durch kluge Allianz- und Militärhilfepolitik zu verringern. Das bedeutet Reduktion der Versorgung mit waffenfähigem Material durch sensitive Kernenergietechnologie auf dem Inlands- wie auf dem Weltmarkt. Oft nimmt man an, daß Lieferungsbeschränkungen uns und andere Exporteure enormer Vermarktungsmöglichkeiten berauben und Energieknappheit allen, auch der Dritten Welt, auferlegen würden, die jetzt am "zivilen" Nuklearmarkt teilnehmen.

Kernenergie spielt eine wichtige Rolle, aber ihr Beitrag stellt nicht den Unterschied zwischen Himmel und Hölle dar. Ihre Wohltaten sind von Anbeginn an übertrieben worden; ihre Entwicklung wurde daher verzerrt, die nationalen Energieprogramme nahmen bei weitem nicht den optimalen Weg oder das günstigste Timing bei der Einführung der Kernenergie in die gesamte Energieversorgung. Ein durchdachtes Programm würde den amerikanischen Sicherheitsinteressen und nicht zuletzt den Interessen der Industrie dienen. Ohne extensive Plutoniumproduktion und Aufarbeitung des Reaktorabbrandes können wir durchaus genug Kohle und U 235 zu annehmbaren Preisen beschaffen, um ohne Schwierigkeiten ins zweite Viertel des 21. Jahrhunderts zu gelangen. Dann sollten wir in der Lage sein, einen überlegten Übergang zu reichen oder erneuerbaren Ressourcen zu vollziehen.
(...)
Die nukleare Bürokratie glaubt, es sei weniger schädlich, die Nachfrage zu übertreiben als sie zu unterschätzen. Dies ist jedoch nicht der Fall. Die Übertreibung hat die nationale Politik und die Gewinne der Industrie gleichermaßen schwer geschädigt.

Übertriebene Schätzungen der Nachfrage nach Uran verzerren

Entscheidungen zugunsten des Plutonium-Recycling in Leichtwasserreaktoren und des Brutreaktors.

(...)

Der Zusammenbruch der Erwartungen für den Inlandsmarkt führte unglücklicherweise zu einer aggressiven Verkaufskampagne in der Dritten Welt, wo doch im allgemeinen Kernenergie am unwirtschaftlichsten ist: Nuklearstrom ist hochgradig kapitalintensiv, nur in großen Einheiten effizient und verlangt fortgesetzt hochkomplizierte Instandhaltung. Der Reaktormarkt der Dritten Welt, um den die Industriestaaten kämpfen könnten, ist sehr klein, der Markt für Wiederaufarbeitung sogar noch kleiner (1 bis 2 % des Reaktormarktes). Die stark subventionierten Erstabschlüsse kamen unter Vertragsbedingungen zustande, die das Proliferationsproblem vergrößerten, ohne realistische Aussicht, die ehrgeizigen langfristigen Nuklearprogramme der Entwicklungsländer zu erfüllen. Dazu haben noch die Franzosen in der Vergangenheit davon gesprochen, Plutoniumbrüter in die Dritte Welt liefern zu wollen; diese sind noch gefährlicher und noch ungeeigneter für die Entwicklungsländer als die heutige Reaktorgeneration wegen der höheren Kapitalkosten, der geringeren Wirtschaftlichkeit kleiner Einheiten und der komplexen Technologie.

DOKUMENT 5:

Clarence D. Long: Nuclear Proliferation: Can Congress Act in Time?, S. 52-76, in: International Security, Frühjahr 1977, Vol. 1, Nr. 4 (Auszüge).

Zur Person des Autors: Clarence D. Long war Professor für Wirtschaftswissenschaften an der Johns-Hopkins-Universität von 1946-1964. Seit 1963 vertritt er den Zweiten District von Maryland im Repräsentantenhaus. Er ist Vorsitzender des Foreign Operations Subcommittee des House Appropriations Committee.

Kernenergie wurde durch die Regierungssubventionen für die amerikanische Nuklearindustrie weiter über die Welt verbreitet. Die großen Mengen von Reaktorabbrand, aus denen das Plutonium durch Wiederaufarbeitung gewonnen werden kann, vergrößern die Gefahr der Weiterverbreitung von Waffen. Noch dazu setzten die USA die zweifelhafte Vorstellung in die Welt, Kernenergie sei die modernste Energieart und unvermeidlich. Damit nicht genug, ließ die Entwicklung einer großen Kernindustrie mächtige Interessen in Industrie, Arbeiterschaft und Universitäten entstehen. Sie leisten heftigen Widerstand gegen jede Einschränkung der Kernindustrie, weil sie darin ihre Investitionen, Arbeitsplätze und Beraterverträge gefährdet sehen. Die Kernindustrie, die Atomenergiekommission (jetzt die Energieforschungs- und Entwicklungsbehörde) und der Vereinigte Atomenergieausschuß haben bis heute Anstrengungen hintertrieben, die atomare Proliferation einzudämmen. Die amerikanischen Subventionen erstreckten sich von direkten Regierungsausgaben über Steuervergünstigungen bis zu Abgabenerhebungen für staatliche Dienstleistungen auf dem Brennstoff- und Lagerungssektor unter den Selbstkosten. (...)
Aus vielen Gründen ist Kernenergie für die Entwicklungsländer wirtschaftlich ungeeignet:
1. Kernenergie erfordert enormes Kapital und qualifiziertes Management. Beides ist in der Dritten Welt knapp und teuer.

2. Kernenergie zieht knappe Ressourcen von Straßen, Schulen, Krankenhäusern, Bewässerungsprojekten, Düngemitteln, landwirtschaftlichen Projekten und Wohnungsbau ab.
3. Kernenergie lenkt Entwicklungsländer wie reiche Länder von der Suche nach neuen Energiearten (vor allem erneuerbaren) ab, die kostengünstiger und umweltfreundlicher sind.
4. Kernenergie ist zentral produziert und kann ohne zusätzlichen hohen Kapitalaufwand nicht an die armen Landbewohner geliefert werden, die über weite Distanzen - oft in unkultivierten Landschaften - verstreut wohnen.
5. Die durchschnittliche Kernanlage - 1.000 Megawatt - ist zu groß für die Stromverteilungsnetze der meisten Länder der Dritten Welt. Im Störfall existieren keine Ersatzkapazitäten. Die Konzentration auf eine Energieart macht das Versorgungssystem überanfällig gegen Sabotage oder technische Fehler, vor allem wenn man die geringe Zahl qualifizierten Personals berücksichtigt.

Wenn Kernenergie wirtschaftliche für Entwicklungsländer ungeeignet ist, welche Alternativen existieren? Eine Reihe von Energiearten ist in der Entwicklung, die nicht zu verhängnisvoller Bewaffnung führen. Sie könnten konkurrenzfähige und umweltfreundliche Lösungen des Energieproblems anbieten, falls nicht Preis- und Subventionspolitik die Produktionsfaktoren in die Kernindustrie ableiten würden. Um diese Möglichkeiten wahrzunehmen, bedarf es einer ländlichen Entwicklungsstrategie, die auf einfacher, preiswerter, arbeitsintensiver Maschinerie und Technik aufruht; diese sind der Knappheit an Kapital und dem Überangebot an Arbeitskraft in den armen Ländern angemessen. Ich möchte diese Technologien, die anderswo als "mittlere", "angemessene" oder "dörfliche" bezeichnet wurden, Technologien mit geringem Kapitalaufwand nennen.

Technologien mit geringem Kapitalaufwand auf dem Energiesektor sind von kleinerem Umfang, geringen Kosten, sie sind einfach, zuverlässig und durch gering qualifizierte Arbeitskräfte instand zu halten; Produktionsgrundlage bilden lokale, erneuerbare Ressourcen (Sonne, Wind, Wasser und pflanzliche Vegetation). In einigen Teilen der Welt wird Energie bereits aus diesen umweltfreundlichen, erneuerbaren Ressourcen gewonnen.

(...)

Man sollte zudem zur Kenntnis nehmen, daß eine Reihe von
Entwicklungsländern - etwa Argentinien, Indien, Pakistan,
die Philippinen, die Türkei, Korea, Mexiko, Zaire, Angola,
Marokko, Brasilien und andere lateinamerikanische Staaten -
ungenutzte Reserven an fossilen Brennstoffen sowie geothermische und hydroenergetische Reserven in ausreichender Menge zur Befriedigung des eigenen Bedarfs besitzen. Die Förderung von Technologien mit geringem Kapitalaufwand im Energiesektor muß institutionalisiert werden. Eine Weltenergie-Konferenz könnte ein Forum sein, die Entwicklungsländer
durch Überzeugung von der Nuklearenergie abzubringen, die
Ersetzung von nuklearer und kapitalintensiver Energieerzeugung durch Technologien mit geringem Kapitalaufwand zu planen und die Möglichkeiten zu erproben, Entwicklungshilfe als
Anreiz hierfür einzusetzen.

Vor allem werden Kreditorganisationen im dörflichen Bereich
benötigt sowie Volkshochschulsysteme, um der lokalen Einwohnerschaft Erwerb, Gebrauch und Instandhaltung der Energiesysteme zu demonstrieren. Um diese Institutionalisierung zu gewährleisten, könnte man auf den Kissinger-Vorschlag von 1975
zur Einrichtung eines internationalen Energieinstituts zurückgreifen.

Der Kongreß kann auf spezifischen, wenn auch gewiß kontroversen Gebieten aktiv werden.
1. Mittel für die kooperativen Forschungs- und Entwicklungsprogramme der ERDA mit den Entwicklungsländern bereitstellen.
2. Den "Fonds für angemessene Technologie", der gerade zu arbeiten beginnt, auf Demonstrations- und Prototyp-Projekte
von Energietechnologien mit geringem Kapitalaufwand lenken.
3. Entwicklungshilfe für Energietechnologien mit geringem
Kapitalaufwand bereitstellen, mit besonderer Betonung auf
der Gründung von Staats- und regionalen Energieinstituten
für solche Projekte.
4. Richtlinien für die amerikanischen Entwicklungshilfeprogramme verabschieden, die Anreize zur Zusammenarbeit in
der Anti-Proliferationspolitik, zum Verzicht auf Kernenergie und zur Übernahme von Energien mit geringem Kapitalaufwand enthalten.

5. Amerikanische Repräsentanten in internationalen Entwicklungsbanken anweisen, Energiepolitik und Energieprojekte auf der Basis von Technologien mit geringem Kapitalaufwand zu betonen.

(...)

Ich bin der Überzeugung, daß die nukleare Proliferation die größte Gefahr ist, das Gleichgewicht in unserem Jahrhundert zu erschüttern; daß der größte Anstoß zur Verbreitung nuklearer Energie und Bewaffnung durch Subvention und Propaganda seitens der Vereinigten Staaten kam und kommt; daß in der Vergangenheit der Kongreß die Führung dem Präsidenten und dem Vereinigten Atomenergieausschuß überlassen hat; daß der amerikanische Kongreß während dieser Legislaturperiode die Beendigung von Subventionen und Propaganda erwirken kann; daß diese Beendigung der Unterstützung der nuklearen Proliferation ökonomisch und umweltpolitisch sinnvoll ist.

Ich betone diese ökonomische Rechtfertigung; denn es wird oft argumentiert, andere Exportländer würden einspringen, falls die USA ihre Subvention für die nukleare Proliferation einstellen würden. Es sind jedoch Gründe angegeben worden, warum andere Nationen die Torheit einer solchen Handlung einsehen und sie sogar noch deutlicher einsehen könnten, wenn die USA die Initiative ergreifen würden, den Weg zu weisen. Aber selbst wenn andere Staaten auf der Förderung nuklearer Proliferation bestehen, wird sie geringere Ausmaße annehmen, als wenn wir, der Welt größter Proliferator, in unserer fehlgeleiteten Politik fortfahren.

DOKUMENT 6:

Norman Gall: Atoms for Brazil, Dangers for All,
S. 155 - 202, in: Foreign Policy No. 23, Summer 1976,
(Auszüge)
Zur Person des Autors: Normal Gall ist Senior Associate
am International Fact Finding Center der Carnegie Endowement
for International Peace.

Die militärische Bedeutung der Entscheidung Argentiniens, einen Natururanreaktor zu bauen, waren den Brasilianern nicht entgangen. Anfang 1974, während Atucha 1 (argentinischer Reaktor) auf seinen Operationsbeginn vorbereitet wurde, schrieb ein Nuklearingenieur im offiziellen Militärjournal Brasiliens einen in der argentinischen Presse weit und wiederholt zitierten Artikel. Dort heißt es:
"Das brasilianische Volk muß stolz auf sein Land sein aus anderen und ernsteren Gründen als Fußball und Karneval. Internationales Prestige ist selbstverständlich ein nationales Ziel (...). Die Beziehung zwischen Sicherheit und Entwicklung ist wohl bekannt. Unleugbar wird es unmöglich sein, ohne den entsprechenden militärischen Schutz eine Großmacht zu sein. Ein einfaches Abkommen wie Itaipu wäre unmöglich, wenn einer unserer Nachbarn 20 kg Plutonium besitzt."

Die Argentinier waren mittlereweile äußerst beunruhigt über Itaipu, den größten Staudamm der Welt, den die Brasilianer mit paraguayischer Hilfe an der Grenze zwischen beiden Ländern errichten. Itaipu liegt nur 10 Meilen nördlich der argentinischen Grenze in einem Gebiet, das über Jahrhunderte Schauplatz geopolitischer Rivalitäten war, zuerst zwischen Spanien und Portugal, später zwischen Argentinien, Brasilien und Paraguay.

Der Damm ist für Argentinien zum Symbol brasilianischer Penetration und Dominanz in Gebieten geworden, in denen Argentinien es gewohnt ist, Einfluß auszuüben. Argentinien widersetzt sich dem Itaipu-Projekt aus Umwelt- und völkerrechtlichen Gründen;

es konnte auf neueren internationalen Konferenzen Unterstützung seines Standpunktes gewinnen; dies hat jedoch den Fortgang des Projekts nicht berührt.

Der NPT

Argentinien und Brasilien weigerten sich aus vergleichbaren Gründen, den NPT zu unterschreiben oder zu ratifizieren. Während der UN-Debatte 1968 über den Vertragsentwurf erklärte Argentinien, es "könne die verbleibende Unterwerfung unter die andauernde Abhängigkeit von den Großmächten nicht akzeptieren, die sich auf die friedliche Verwendung der Kernenergie erstreckt. Das gilt besonders, wenn unser Land die Grundlage für die Kerntechnologie geschaffen hat, die es für die wirtschaftliche Entwicklung braucht." Unter Benutzung einer in den Debatten oft gebrauchten Wendung sagte der argentinische Delegierte, der NPT werde "die Unbewaffneten entwaffnen", ohne den Rüstungswettlauf der Supermächte zu beschränken. Die Brasilianer sahen im NPT einen Versuch, die internationale Machtstruktur "einzufrieren" und den Aufstieg von neuen Mächten wie Brasilien zu vereiteln.

Kurz nach der Amtsübernahme führte Präsident A. da Costa y Silva aus: "Die Entwicklung der wissenschaftlichen Forschung auf dem Feld der Kernenergie schließt unvermeidlich auf einer gewissen Stufe die Anwendung von Explosionen ein; ein Verbot hierfür wäre gleichwertig mit einer Verhinderung der weiteren friedlichen Nutzung der Kernenergie." Im Dezember 1967, als Argentiniens Atomenergiebehörde die Entscheidung über Design und Vertrag für den Atucha 1-Reaktor vorbereitete, billigte Costa y Silva einen Bericht des Nationalen Sicherheitsrates, der als ständiges Ziel empfahl, "den Transfer von Kerntechnologie in unser Land; die schnellstmögliche Entwicklung der Unabhängigkeit in der Kernbrennstoffproduktion; die Schaffung einer Infrastruktur für das Nuklearprogramm; die Bildung und das Training von Teams für die verschiedenen Spezialgebiete." 1967 fertigte Brasiliens Nationaler Kernenergierat eine Stu-

die über die Möglichkeit an, eine Atombombe zu bauen; die
Studie kam zu dem Schluß, ein solches Projekt wäre innerhalb von 15 Jahren möglich.

(...)

Ein entscheidender Schritt
Die Neuigkeiten über den deutsch-brasilianischen Vertrag
hatten eine solche psychologische Bedeutung in der westlichen Hemisphäre, daß seine hauptsächlichen politischen Auswirkungen lange vor dem Abschluß der Vertragsdetails spür-
bar sein werden.

(...)

Der kommandierende General der Ersten Armee in Rio de Ja-
neiro sagte, der Vertrag "stellt einen entscheidenden
Schritt zur Stärkung der nationalen Souveränität dar" und
sagte voraus, Brasilien würde "zu einer Großmacht umgeformt".
Außenminister Silveira erklärte nach Unterzeichnung des Vertrags, " Brasilien hat einen neuen technologischen und politischen Status auf der Weltszene durch den Nuklearvertrag
erworben".

(...)

Argentiniens gegenwärtige Unfähigkeit, mit der brasilianischen
Initiative in der Kernenergiepolitik mitzuhalten wird begleitet von der Unfähigkeit, die geopolitischen Offensiven Brasiliens im Innern Südamerikas zu kontern; das ist angesichts
der andauernden und wachsenden politischen Instabilität Argentiniens in den letzten 20 Jahren nicht schwer zu erklären.
Unter diesen Umständen überrascht es nicht, daß Argentiniens
eigenes Kernprogramm durch die augenblicklichen Finanzschwie-
rigkeiten blockiert wird. Darüberhinaus haben viele der Nu-
klearwissenschaftler das Land verlassen.

(...)

1975 besuchte der Vorsitzende der argentinischen Atomenergiebehörde Tripolis, um ein nukleares Kooperationsabkommen zwischen Argentinien und Libyen zu unterschreiben, während man sich in Argentinien mit der Erweiterung der Versuchsanlage zur Wiederaufarbeitung beschäftigte. Obgleich die Reserven an Personal und an wichtigen Energieressourcen in Argentinien größer sind als in Brasilien, kann Argentinien seine Manövrierfähigkeit nur durch eine Stabilisierung des Landes vergrößern. Ein erweitertes Nuklearprogramm hätte für ein solches "come back" hohen symbolischen Wert. Die Besorgtheit des argentinischen Militärs über das deutsch-brasilianische Geschäft kann den mahnenden Worten in "Estrategia" entnommen werden:
"Aufgrund der bekannten Fakten kann man feststellen, daß Brasilien fest entschlossen ist, dem 'nuklearen Club' beizutreten, d. h. eine Atombombe unter dem Begriff 'friedliche Nutzung' herzustellen... Die Entscheidung, den Kernsprengkörper zu bauen, und die Möglichkeit dazu, ist sehr wichtig für Argentinien, weil die Kernwaffe unseres Nachbarn unsere Sicherheit handgreiflich und entscheidend betrifft."

(...)

Die Ironie des nuklearen Weges Brasiliens besteht darin, daß Brasilien leicht der Schauplatz eines großen technologischen Durchbruchs in nichtkonventionellen Energieformen, vor allem Sonnenenergie, werden könnte. Ganz abgesehen von der Tatsache, daß die Reserven an Ölschiefer nur hinter den amerikanischen zurückstehen, ist Brasilien in einer außergewöhnlich guten Position zur fotosynthetischen Nutzung der Sonnenenergie; es könnte flüssige und gasförmige Brennstoffe wie Alkohol, Methan und Wasserstoff produzieren, die leicht und einfach herzustellen sind.

Brasilien hat bereits einen Plan entwickelt, Alkohol und Benzin und Automobil-Brennstoff zu vermischen, was schon im Zweiten Weltkrieg praktiziert wurde. Außerdem konstruiert Brasilien einen Wagentyp, der vollständig mit Alkohol angetrieben wird. Der Alkohol würde aus Zucker oder neuen Kasawa-Pflanzungen produziert. Sie benötigen auf Böden mit niedriger Fruchtbarkeit nur 1 % des Gesamtgebiets, um die brasilianischen Brennstoffbedürfnisse zu befriedigen. Einige Wissenschaftler sehen den Amazonasdschungel - mit hoher Bewuchsdichte und hoher Feuchtigkeit - als eines der effizientesten natürlichen Systeme zur fotosynthetischen Energiegewinnung in der Welt an. Sie berechnen, daß die Biomasse im Amazonasgebiet industriell in Methan umgearbeitet werden könnte, und zwar zu Preisen, die mit den gegenwärtigen Weltmarktpreisen für Öl konkurrieren könnten.

DOKUMENT 7:

Louis v. Nosenzo: Statement before a Congressional
Hearing on U.S. Energy Policy, 28. Oktober, in: Wireless
Bulletin Nr. 205, 31. 10. 1977, S. 11-14 (Auszüge)
Zur Person des Autors: Louis von Nosenzo ist stellvertretender Abteilungsleiter für Kernenergie und Energietechnologie im amerikanischen Außenministerium.

Der Präsident hat sich seit einiger Zeit besonders mit den begrenzten Energieoptionen der Entwicklungsländer befaßt. Bereits im Mai 1976 bemerkte er: "Viele Länder, vor allem in der Dritten Welt, werden in eine voreilige Entscheidung für die Kernenergie hineingetrieben, weil sie nicht das Wissen und die Mittel besitzen, andere Möglichkeiten zu erforschen." In späteren Äußerungen zum Proliferationsproblem hat der Präsident forgesetzt die Auffassung vertreten, daß strenge Sicherheitsmaßnahmen und Exportkontrollen in der nuklearen Zusammenarbeit von einer neuen Prüfung der Energiealternativen begleitet werden müssen; er erkannte an, daß der Energiebedarf der Entwicklungsländer im Vergleich zu den Industriestaaten sogar noch dringender ist. Der Präsident war natürlich nicht allein, wenn er eine erweiterte Rolle für nichtnukleare Energie vorschlug; viele Mitglieder des Kongresses und besonders dieses Ausschusses waren Vorreiter dieser These.

Im März dieses Jahres ordnete der Präsident die Bildung einer interministeriellen Arbeitsgruppe an, die ein Programm zur Förderung nicht-nuklearer Energiealternativen und zur Unterstützung der Entwicklungsländer bei der Deckung ihres Energiebedarfs entwickeln sollte.
(...)
Auf der Grundlage der Empfehlungen dieser Gruppe billigte der Präsident kürzlich ein Versuchsprogramm, um ausgewählten Entwicklungsländern bei ihren kurz- und längerfristigen Energieprogrammen zu helfen. Die erste Stufe besteht in der Unterstützung einer vergleichenden Analyse aller vorhandenen

Energieoptionen - konventionelle und unkonventionelle -
sowie des Energiebedarfs; mit dieser Hilfe können diese
Länder informierte Energieentscheidungen treffen. Dieses
Programm ist im Haushalt des Energieministeriums enthalten und für das Steuerjahr 1978 mit 3 1/2 Millionen Dollar
ausgestattet.

Unser Gesamtziel ist es, denjenigen Entwicklungsländern
beizustehen, die eine solche Hilfe bei der Deckung ihres
Energiebedarfs wünschen, und zwar in einer Weise, die das
vorzeitige und wirtschaftlich zweifelhafte Engagement für
größere Kernenergieprogramme ebenso vermeidet wie eine wachsende Abhängigkeit der Welt von den schwindenden Ölreserven.
Wir glauben, daß dieses Dritte-Welt-Energieprogramm ein erster Schritt sein wird, um diese unsere Ziele zu erreichen. In
der Tat glauben wir, daß ein gestiegenes Bewußtsein der Entwicklungsländer über ihre Energiealternativen von selbst zu
solideren energiepolitischen Entscheidungen führen wird, zu
unser aller Vorteil.

Von der Größe des Haushaltspostens her sollte klar sein, daß
es sich um ein Versuchsprogramm handelt. Dieser Haushaltsbe-
trag wird uns die effektive Arbeit mit zwei oder vielleicht
drei Ländern erlauben. Des weiteren wird das Programm dann
am Ende des Jahres sorgfältig überprüft werden, bevor eine
Entscheidung über seine Zukunft getroffen wird. Wenn es sich
als erfolgreich herausstellt - und wir glauben ehrlich, daß
dies der Fall sein wird -, kann es ausgedehnt werden, um
eine wachsende Zahl interessierter Entwicklungsländer ein-
zuschließen; es könnte auch ausgedehnt werden - wenn dies angemessen scheint -, um bilaterale Energiekooperation und gemeinsame Projekte mit diesen Ländern zu umfassen; solche
Projekte zielen auf die Erfüllung der Energieprojekte dieser
Länder und die Förderung außenpolitischer Ziele der U.S.A.

DOKUMENT 8:

Jimmy Carter: Erklärung zur Energiepolitik vom 7. April 1977, in: Amerika-Dienst 8/1977

Es gibt heute kein schwerer zu lösendes Dilemma als das im Zusammenhang mit der Anwendung der Kernkraft. Viele Länder betrachten die Kernenergie als die einzige reelle Chance, zumindest in diesem Jahrhundert, die Abhängigkeit ihres wirtschaftlichen Wohlergehens vom ausländischen Öl zu verringern - eine Energiequelle von unsicherer Verfügbarkeit, steigenden Preisen und schließlicher Erschöpfung. Die Vereinigten Staaten verfügen im Gegensatz dazu über eine große einheimische Energiequelle - Kohle - aber ihre Verwendung hat auch ihre Nachteile, und auch unsere Pläne sehen die Verwendung von Kernkraft als einen Anteil an unserer Energieproduktion vor.

Die Vorteile der Kernenergie sind also sehr real und praktisch. Aber die weltweite Verwendung von Kernkraft ist mit einem ernsthaften Risiko verbunden - dem Risiko, daß Komponenten des Kernkraftprozesses dazu verwandt werden, Atomwaffen herzustellen.

Wir haben einen wichtigen Schritt zur Verringerung des Risikos der Ausweitung des Besitzes von Atomwaffen durch den Atomwaffensperrvertrag - Nonproliferationsvertrag - unternommen, in dem über 100 Nationen übereingekommen sind, keine solchen Sprengkörper herzustellen. Aber wir müssen noch weiter gehen. Die Vereinigten Staaten sind zutiefst besorgt über die Folgen einer weiteren Ausbreitung von Kernwaffen oder der Fähigkeit zu ihrer Herstellung für alle Nationen. Wir sind der Überzeugung, daß diese Risiken durch eine weitere Verbreitung sensitiver Technologien, die den direkten Zugang zu Plutonium, hochangereichertem Uran oder anderem für die Waffenherstellung verwendbarem Material nach sich ziehen, gewaltig erhöht werden. Die Frage, mit der ich mich seit meinem ersten Tag im Amt befaßt habe, ist die, wie das erreicht werden kann, ohne auf die greifbaren Vorteile der Kernkraft zu verzichten.

Wir stehen vor dem Abschluß einer überaus gründlichen Überprüfung all der Fragen, die in bezug auf die Nutzung der Kernkraft relevant sind. Wir sind zu dem Schluß gekommen, daß die bedenklichen Konsequenzen einer Proliferation und die direkten Auswirkungen auf Frieden und Sicherheit - aber auch gewichtige wissenschaftliche und wirtschaftliche Gründe - folgende Schritte erfordern:

- Eine wesentliche Umgestaltung der amerikanischen Kernenergiepolitik und Kernenergieprogramme im eigenen Lande, und

- die vereingte Anstrengung aller Nationen, bessere Antworten auf die Probleme und Risiken zu finden, die sich mit einer verstärkten Nutzung der Kernkraft ergeben.

Ich gebe heute einige meiner Entscheidungen bekannt, die sich aus dieser Untersuchung ergeben haben.

Erstens, wir werden die kommerzielle Wiederaufbereitung und Wiederverwendung des in den amerikanischen Kernkraft-Programmen erzeugten Plutoniums auf unbestimmte Zeit aufschieben. Aus unserer eigenen Erfahrung sind wir zu dem Schluß gekommen, daß ein funktionsfähiges und wirtschaftliches Kernkraftprogramm ohne eine solche Wiederaufbereitung und Wiederverwendung in Gang gehalten werden kann. Die Anlage bei Barnwell (Süd-Karolina) wird vom Bund weder Unterstützung noch finanzielle Hilfe für ihren Ausbau als Wiederaufbereitungsanlage erhalten.

Zweitens, wir werden das amerikanische Programm für Brutreaktoren umgestalten, um Alternativvorschlägen für Brutreaktoren Priorität einzuräumen und den Zeitpunkt hinauszuschieben, an dem Brutreaktoren kommerziell genutzt werden.

Drittens, wir werden die Finanzierung der amerikanischen
Kernforschungs- und Entwicklungsprogramme so abändern,
daß unsere auf alternative Kernbrennstoffzyklen gerichteten Forschungsbemühungen, die keinen direkten Zugang zu
für Kernwaffen verwendbaren Materialien bieten, beschleunigt werden.

Viertens, wir werden die amerikanische Produktionskapazität für angereichertes Uran steigern, um Kernbrennstoffe
für den eigenen Bedarf und für den Bedarf des Auslandes
ausreichend und rechtzeitig verfügbar zu machen.

Fünftens, wir werden die notwendigen legislativen Maßnahmen vorschlagen, um den Vereinigten Staaten die Möglichkeit zu geben, Kontrakte über die Lieferung von Kernbrennstoffen anzubieten und die Lieferung dieser Kernbrennstoffe
an andere Länder zu garantieren.

Sechstens, wir werden das Embargo für den Export von Ausrüstungen und Technologien, die die Anreicherung von Uran
und die chemische Wiederaufbereitung ermöglichen würden,
weiterhin beibehalten.

Siebtens, wir werden sowohl mit den Liefer- als auch den
Empfängerländern weiterhin über einen weiten Bereich internationaler Konzeptionen und Systems diskutieren, die
es allen Nationen gestatten werden, bei gleichzeitiger Verringerung der Weiterverbreitung der Möglichkeit zur Herstellung nuklearer Sprengstoffe ihre Ziele in der Energiepolitik zu erreichen. Unter anderem werden wir die Möglichkeiten für die Erstellung eines Auswertungsprogrammes für
Kernbrennstoffzyklen sondieren, das auf die Entwicklung
alternativer Brennstoffzyklen und eine Reihe unterschiedlicher internationaler und amerikanischer Maßnahmen abzielt,
die all den Nationen den Zugang zu Kernbrennstoffvorräten
und der Lagerung von verbrauchtem Brennmaterial gewährlei-

sten sollen, die gemeinsam die Ziele der Nonproliferation teilen.

Wir werden weiterhin mit einer Reihe von Regierungen sehr enge Konsultationen über die wünschenswertesten multilateralen und bilateralen Abmachungen führen, durch die sichergestellt wird, daß die Kernenergie in schöpferischer Weise für friedliche wirtschaftliche Ziele mobilisiert wird. Es ist unser Ziel, durch systematische und gründliche Konsultationen eine umfassendere internationale Zusammenarbeit hinsichtlich dieser ebenswichtigen Frage zu entwickeln.

DOKUMENT 9:

Das nukleare Nonproliferationsgesetz der USA (Regierungsvorlage): Die wichtigsten Punkte, in: Amerika-Dienst 11/1977 (Auszüge)

1. Die Gesetzesvorlage stellt zum erstenmal die gesetzliche Forderung auf, die es der unabhängigen Nuklearaufsichtsbehörde (NRC) untersagt, eine Lizenz für den Export nuklearer Materialien oder Anlagen zu erteilen, ehe sie von der Exekutive davon in Kenntnis gesetzt ist, daß nach deren Beurteilung die Ausgabe einer Lizenz "der gemeinsamen Verteidigung und Sicherheit nicht zum Schaden gereichen wird". Diese Entscheidung iwrd gefällt durch das Außenministerium, das Verteidigungsministerium, das Handelsministerium, das Amt für Rüstungskontrolle und Abrüstung und die Behörde für Energieforschung und -entwicklung.

Bis zu diesen Beurteilungen wird die Exekutive sich an folgende in dem Gesetz nicht im einzelnen dargelegte Politik halten:

- Beibehaltung des Embargos für den Export von Anreicherungs- und Wiederaufbereitungsanlagen;

- keine neuen bindenden Zusagen für den Export nennenswerter Mengen abgetrennten Plutoniums, mit Ausnahme von Gramm-Mengen für die Forschung und analytische Untersuchungen;

- keine neuen Zusagen für den Export nennenswerter Mengen von hochangereichertem Uran (highly enriched uranium = HEU), es sei denn, daß es sich um ein außergewöhnlich wertvolles Projekt handelt und eindeutig erwiesen ist, daß die Verwendung von Uran mit geringerem Anreicherungsgrad oder anderem für Waffenzwecke weniger brauchbarem Material technisch nicht durchführbar ist;

- die direkte Billigung des Präsidenten für jede Lieferung von hochangereichertem Uran, deren Menge größer ist als 15 Kilogramm (die Menge, die ungefähr für eine Bombe gebraucht wird);

- die Bemühungen, um solche Projekte und Anlagen im Ausland herauszufinden, die auf den Gebrauch von schwach angereichertem Uran umgestellt werden könnten.

2. Die Gesetzesvorlage umreißt die unmittelbaren Bedingungen für den nuklearen Export, von denen wir vernünftigerweise annehmen dürfen, daß die anderen Nationen sie erfüllen werden, während wir über striktere Kooperationsabkommen verhandeln. Zu diesen Bedingungen zählen:

- die Forderung, daß für alle exportierten Teile und für alles andere Plutonium oder angereicherte Uran, das in der exportierten Anlage verwendet werden oder durch ihre Inbetriebnahme produziert werden könnte, die Sicherheitsbestimmungen der Internationalen Atomenergiebehörde (IAEA) gelten;

- die Forderung, daß kein Export aus den USA für die Entwicklung oder Produktion irgendeines nuklearen Sprengsatzes verwendet wird;

- Die Forderung, daß eine Weitergabe amerikanischer Exporte durch das Empfängerland an irgendein anderes Land nicht ohne vorherige Billigung durch die Vereinigten Staaten erfolgen darf;

- die Forderung, daß kein von den Vereinigten Staaten exportierter Kernbrennstoff ohne vorherige amerikanische Billigung wiederaufbereitet werden darf.

Diese Kriterien unterscheiden sich von den derzeit dem amerikanischen Kongreß vorliegenden Vorschlägen, die Kriterien enthalten, welche ein unmittelbares Moratorium für nukleare

Exporte aus den Vereinigten Staaten erzwingen würden. Ein
solches Moratorium würde die amerikanischen Beziehungen zu
bestimmten Verbündeten ernsthaft schädigen, deren Zusammenarbeit von wesentlicher Bedeutung ist, wenn wir unsere
Ziele der Nichtweiterverbreitung von Kernwaffen erreichen
wollen.

3. Die Gesetzesvorlage umreißt weitere Bedingungen für den
Export nuklearen Materials, die in neuen Abkommen für eine
Zusammenarbeit gestellt werden sollen. Dazu gehören:

- die Forderung, daß im Falle von Staaten, die über keine
  Kernwaffen verfügen, die Sicherheitsbestimmen der Internationalen Atomenergiebehörde (IAEA) sich auf sämtliches
  Kernmaterial und alle Ausrüstungen erstreckt, unbeschadet, ob diese von den Vereinigten Staaten geliefert wurden. Die Erfüllung dieser Forderung wird eine Bedingung
  für fortlaufende nukleare Lieferungen aus den Vereinigten Staaten sein.

  Der Präsident hat ferner angeordnet, daß diese Forderung
  nur als eine Interimmaßnahme gesehen werden sollte und
  daß die erste Präferenz der Vereinigten Staaten- und ihr
  ständiges Ziel - die weltweite Beachtung des Atomwaffensperrvertrages ist.

- Die Klausel, daß die Zusammenarbeit der Vereinigten Staaten im Rahmen des Abkommens eingestellt werden soll, wenn
  das Empfängerland einen nuklearen Sprengsatz zur Explosion bringt oder die Sicherheitsbestimmungen der Internationalen Atomenergiebehörde (IAEA) oder irgendeine Garantie, die es im Rahmen des Abkommens gegeben hat, ernsthaft verletzt.

- Die Forderung nach IAEA-Sicherheitsbestimmungen hinsichtlich allen von den USA gelieferten Materialien und aller
  Ausrüstungen für eine unbegrenzte Dauer, gleichgültig ob
  das Kooperationsabkommen in Kraft bleibt oder nicht.

- Das Recht der USA auf Genehmigung der Weitergabe, das sich auf alles spezielle Kernmaterial erstreckt, das durch die Verwendung amerikanischer Ausrüstungen produziert wird.

- Das Recht der USA auf Genehmigung der Wiederaufbereitung, das sich auf alles spezielle Kernmaterial erstreckt, das durch die Verwendung amerikanischer Ausrüstungen produziert wird.

4. Für die nahe Zukunft schlägt die Gesetzesvorlage vor, die Bedingungen für eine nukleare Zusammenarbeit der USA zu verschärfen, indem die bestehenden Abkommen neu verhandelt werden, damit den Richtlinien entsprochen wird, die wir für neue Abkommen (wie unter 3 dargelegt) fordern. Diese Methode wird den amerikanischen Zielen der Nichtweiterverbreitung besser gerecht werden als der Versuch, einseitig neue Bedingungen für die Exportlizensierung aufzuerlegen.

5. Die Gesetzesvorlage bietet die notwendige Flexibilität, um sich mit den verschiedenen Situationen und den betroffenen Ländern auseinanderzusetzen. So gewährt sie beispielsweise die notwendigen Ausnahmen für Lizenzen im Rahmen der bestehenden multilateralen Abkommen. Sie schafft ferner einen wirksamen Mechanismus für den Präsidenten und für den Kongreß, Fälle zu überprüfen, in denen die Regierung und die unabhängige Nuklearaufsichtsbehörde hinsichtlich der Gewährung einer vorgeschlagenen Exportlizenz unterschiedlicher Meinung sind. Und sie gestatten es dem Präsidenten, Ausnahmen bezüglich der strengen neuen Bedingungen, die für Kooperationsabkommen erforderlich sind, zu gewähren, wenn er zu dem Schluß gelangt, daß sie im Gesamtinteresse der Nichtweiterverbreitung liegen.

6. Die Gesetzesvorlage sieht Sanktionen gegen die Verletzung nuklearer Abkommen vor, indem sie festlegt, daß kein Nuklearexport an irgendeinen Staat, der nicht über Kern-

waffen verfügt, stattfinden darf, der nach Verabschiedung
dieses Gesetzes:

- einen Kernsprengsatz zur Explosion bringt;

- Sicherheitsbestimmungen der Internationalen Atomenergiebehörde (IAEA) außer Kraft setzt oder aufkündigt;

- nach Ansicht des Präsidenten ein IAEA-Abkommen oder irgendeine andere Garantie, die er im Rahmen eines Kooperationsabkommens mit den Vereinigten Staaten gegeben hat, ernsthaft verletzt hat - es sei denn, ein solcher Stopp würde die Verwirklichung der amerikanischen Nichtweiterverbreitungsziele beeinträchtigen oder die gemeinsame Verteidigung und Sicherheit gefährden.

7. Die Gesetzgebung schlägt die Schaffung eines internationalen Auswertungsprogrammes für Kernbrennstoffzyklen vor, das auf die Förderung der Entwicklung alternativer Kernbrennstoffzyklen abzielt, die keinen Zugang zu für Waffenzwecke verwendbarem Material gewähren, wie dies vom Präsidenten in seiner Erklärung vom 7. April angekündigt wurde.

8. Als ein wichtiges Element des internationalen Auswertungsprogrammes schlägt die Gesetzesvorlage eine Reihe von Politiken vor, die sicherstellen sollen, daß allen Ländern als Anreiz für eine Nonproliferation genügend Kernbrennstofflieferungen zur Verfügung stehen sollen. Dies schließt folgendes ein:

- eine Politik, die sicherstellt, daß Nuklearexporte auf einer rechtzeitigen Basis erfolgen, nachdem die gesetzlichen Erfordernisse erfüllt worden sind;

- eine Politik, die eine angemessene amerikanische Uran-Anreicherungskapazität sicherstellt;

- amerikanische Initiativen zur Förderung internationaler

Konsultationen, um multilaterale Mittel und Wege zur Deckung des weltweiten Bedarfs an Kernbrennstoff zu finden.

Die Gesetzesvorlage sieht ferner vor, daß der Präsident dem Kongreß über den Fortschritt dieser Erörterungen berichtet und solche Gesetze vorschlägt, die er zur Förderung dieser Ziele als notwendig erachten mag.

9. Die Gesetzesvorlage verpflichtet die USA, mit anderen Ländern zusammenzuarbeiten, um die Internationale Atomenergiebehörde (IAEA) zu stärken, und zwar durch den Beitrag technischer Ressourcen, durch Unterstützung und durch Geldmittel, durch die Verbesserung des Systems der IAEA-Sicherheitsbestimmungen sowie durch die Gewähr, daß die IAEA die Daten erhält, die für die Durchführung eines effektiven und umfassenden internationalen Sicherheitsprogrammes erforderlich sind.

DOKUMENT 10:

Joseph S. Nye: Nukleare Exportpolitik der Vereinigten Staaten, in: Amerika-Dienst 16, 14. Juni 1977 (Auszüge)

Zur Person des Autors: Dr. Nye ist stellvertretender Staatssekretär für Sicherheitshilfe im US-Außenministerium sowie Vorsitzender einer regierungsamtlichen Studiengruppe, die im Auftrag Präsident Carters die amerikanische Nichtweiterverbreitungspolitik und Nuklearexportpolitik untersucht.

Die Ausweitung dieser Fähigkeiten (zur Produktion nuklearer Sprengsätze, H.M.) auf eine wachsende Zahl von Ländern kostete, was unsere gesamte Außenpolitik und die Ziele unserer nationalen Sicherheit anbelangt, einen übermäßig hohen Preis. Dies würde das Risiko verstärken, daß Kernwaffen erneut in einem Krieg eingesetzt werden. Sie würde unsere Fähigkeit vermindern, internationale Krisen unter Kontrolle zu bekommen, unser Volk neuen Gefahren auszusetzen und sich äußerst schädlich auf unsere Bündnisse auswirken.

In Anbetracht einer optimalen Strategie der Nichtweiterverbreitung von Kernwaffen muß man zwei wichtige Elemente des Problems erkennen: Die Beweggründe einer Nation, in den Besitz von nuklearen Sprengsätzen zu kommen oder sich darum nicht zu bemühen, und ihr diesbezügliches technisches Potential. Beide Elemente sind von einschneidender Bedeutung. Und wir müssen sorgfältig darauf achten, nicht eine Politik einzuschlagen, die sich nur mit dem einen Element des Problems befaßt und ernste nachteilige Wirkungen auf das andere Element hätte.

Was die Motivation angeht, so sollten wir mit unserer Politik Anreize zur Erlangung eines nuklearen Waffenpotentials mindern. Beispielsweise reduzieren die Sicherheitsgarantien seitens der Vereinigten Staaten im Zusammenhang mit dem NATO-Bündnis und unserem bilateralen Sicherheitsabkommen mit Japan die Anreize für die beteiligten Staaten, sich um eigene Kernwaffen zu bemühen, obgleich bei ihnen die technischen Voraussetzungen für eine Atomrüstung gegeben sind. In der Tat meine ich, um nicht das Augenfällige zu übersehen, daß die Sicherheitsgarantien, die unsere Bündnisbeziehungen beinhalten, zu den wichtigsten Instrumenten unserer Politik der Non-Proliferation zählen. Ähnlich schafft der Atomwaffen-Sperrvertrag (NPT) einen wichtigen Rahmen für die Beeinflussung von Motivationen. Allgemein gesehen verkörpert der Atomwaffen-Sperrvertrag einen internationalen Kodex, unter dem Staaten darin übereinstimmen, daß ihren Sicherheitsinteressen besser gedient sei, wenn die weitere Verbreitung der Fähigkeit zur Kernwaffenproduktion vermieden wird. Konkret ausgedrückt gibt der Vertrag die Beruhigung, daß potentielle Gegner ihre nuklearen Aktivitäten auf friedliche Ziele beschränken und daß im Fall einer Abzweigung für militärische Zwecke das mit dem Vertrag geschaffene Sicherheitssystem rechtzeitig warnen würde. Dies vermindert auch eine Motivation der Mitgliedstaaten des Atomwaffen-Sperrvertrags, sich für eigene Nuklearsprengkörper zu entscheiden. Aus diesem Grund - und weil es sich hier um einen unerläßlichen Rahmen für wirksame Anstrengungen um die Nichtweiterverbreitung von Kernwaffen handelt -, streben wir auch weiterhin das Festhalten am Atomwaffen-Sperrvertrag auf breitestmöglicher Basis an.

Der Atomwaffen-Sperrvertrag ist eine ausgeklügelte internationale Übereinkunft, in der die Staaten einen ausdrücklich unterschiedlichen Status auf militärischem Gebiet akzeptiert haben. Aber es ist eine zwingende Notwendigkeit, daß wir in unserer Nuklearpolitik hinsichtlich der nuklearen Zusammenarbeit auf dem nichtmilitärischen Sektor keinerlei Unterschiede zwischen den zum Atomwaffen-Sperrvertrag stehenden Staaten machen. Der Wesensgehalt des Vertrages ist ein Kompromiß, bei dem auf militärischem Gebiet Diskriminierung - zwischen Atommächten und Mächten ohne eigene Atomwaffen - akzeptiert wird als Gegenleistung für den Nutzen, den man aus der zivilen Kerntechnik zieht.

Würden die Atommächte auch auf dem zivilen Sektor Unterschiede machen, so zerstörten sie das eigentliche Gerüst des Atomwaffen-Sperrvertrags und damit eine der wichtigsten Institutionen gegen die Weiterverbreitung von Kernwaffen.

Alles in allem müssen wir also ungemein hellhörig für die politischen und militärischen Motivationen sein, die Länder veranlassen, sich nukleare Sprengkörper zuzulegen. Dies wird eine Absicherung der Glaubwürdigkeit bestehender Sicherheitsgarantien erforderlich machen, aber ebenso Fortschritte in der Erlangung sinnvoller und verifizierbarer Rüstungskontroll-Vereinbarungen, welche die Stärke nuklearer Streitkräfte verringern und Atomtests begrenzen oder verbieten, und nicht zuletzt eine Abwertung des Prestiges, das dem Besitz von Kernwaffen anhaftet.

Das andere Element des Proliferationsproblems - die technische Fähigkeit - konfrontiert uns mit einem ganz anderen Komplex von Aufgaben sehr viel größerer Aktualität. Denn wenn Motivationen mit der Fähigkeit, nukleare Sprengkörper zu produzieren, zusammenfallen, ist eine weitere Proliferation nahezu unausweichlich. In dem Maße, in dem sich das nukleare Potential ausweitet, insbesondere in bezug auf die sensitiven Anlagen zur Anreicherung und Wiederaufarbeitung, mit denen waffenfähiges Material produziert werden kann, wächst auch die Zahl der Staaten an der Nuklearwaffen-Schwelle. In gewissem Sinne haben wir es hier mit einem unbeabsichtigten Fortschritt auf dem Wege zur Bombe zu tun. Wenn dann aber ein Staat plötzlich seine Motivation ändert - beispielsweise infolge eines Regierungswechsels oder einer überraschenden Aktion eines Nachbarstaates -, kann er sich sehr schnell zu einer Atommacht entwickeln. Deshalb müssen wir die nur nationaler Kontrolle unterstehende weitere Verbreitung von Anlagen und Materialien, mit denen schnell oder auf einfache Weise eine Umstellung auf die militärische Produktion möglich ist, zu verhindern suchen und gleichzeitig unseren Verpflichtungen aus dem Atomwaffen-Sperrvertrag nachkommen. Wir brauchen eine Verstärkung der Sicherheitsvorkehrungen des Atomwaffen-Sperrvertrags und der Internationalen Atomenergie-Organisation (IAE (IAEA), um zu gewährleisten, daß wir im Fall einer absichtlichen Abzweigung (für militärische Zwecke) der diplomatischen Aktivität so viel Zeit wie nur irgend möglich verschaffen und helfen, einen solchen Mißbrauch zu entmutigen.

In der Vergangenheit, insbesondere vor 1974, konzentrierten wir unsere Anstrengungen im Sinne einer Non-Proliferation auf die Verstärkung des internationalen Kontrollsystems, um sicherzustellen, daß zivile Nuklearlieferungen ausschließlich für friedliche Zwecke verwendet werden. Dazu gehörte auch die Verschärfung des IAEA-Sicherheitssystems und die Verbesserung technischer Sicherungsmaßnahmen gegen die unberechtigte Verwendung nuklearer Materialien und Einrichtungen. Seit 1974 wissen wir, daß Sicherungsmaßnahmen, wie wichtig sie auch sind, nicht immer ausreichen. Deshalb schlugen wir eine Politik ein, die die Lieferländer ermutigt, hinsichtlich der Weitergabe sensitiver Anlagen und Technologien, insbesondere solcher zur Anreicherung und Wiederaufarbeitung, Zurückhaltung zu üben, um die Ausbreitung von waffenfähigem Material und der Anlagen, mit denen es produziert wird, zu verzögern. Wir glauben, daß diese zweite Verfahrensweise der Selbstbeschränkung notwendig ist, während die internationale Gemeinschaft Wege zur Formung der Zukunft der Nuklearenergie unter Minderung der Risiken einer Proliferation entwickelt.

Beide Wege - Sicherungen und Zurückhaltung - sind für unsere Anstrengungen noch immer von größter Bedeutung, jedoch sind jedem von Natur aus Grenzen gesetzt. So könnte sich beispielsweise eine nur auf Sicherungsmaßnahmen gestützte Politik bei Wiederaufarbeitungsanlagen als unzureichend erweisen. Die zentrale Idee der Sicherungsmaßnahmen ist eine angemessene Warnung vor Abzweigungen, die für diplomatische Aktivitäten zur Lösung des Problems genügend Zeit läßt. Aber gerade die Natur der PUREX-Aufarbeitungstechnologie bedeutet, daß die Funktion der Sicherungsmaßnahmen mit rechtzeitiger Warnung nahezu ausgelöscht würde. Selbst wenn die denkbar wirksamsten Sicherungsmaßnahmen von Engeln durchgeführt würden, gäbe es am Ende des Prozesses einen Vorrat an reinem Plutonium. Die Gefahren sind unverkennbar, wenn man die Möglichkeit in Erwägung zieht, daß eine Nation, die sensitive Anlagen besitzt, sich plötzlich nicht mehr an eine Sicherungsvereinbarung hielte. Innerhalb weniger Wochen könnte sie einen Sprengsatz herstellen - das ist eine zu kurze Zeit für die Diplomatie, wirksam tätig zu werden. Andererseits ist es wichtig, die Grenzen einer Politik des Nicht-Zulassens zu erkennen. Ein Programm, das in erster Linie aus Verweigerungen besteht, würde nicht nur ernst politische Verärgerungen hervorrufen, sondern es würde auch eine Nation, die sich zukleare Sprengkörper zulegen möchte und die Fähigkeit mit eigenen Mitteln zu entwickeln gedenkt, nicht zwangsläufig davon abhalten können, dies zu tun.

Deshalb glauben wir, daß ein drittes Schlüsselelement für eine erfolgreiche, langfristige Atompolitik notwendig ist - ein Element, das auf dem Prinzip der Anreize basiert, die in bilateralen und multilateralen Abkommen gegeben sind. Diese Anreize würden am Beginn des Kernbrennstoff-Zyklus unsere Fähigkeit einschließen, die garantierte Versorgung mit nicht-sensitiven Kernbrennstoffen zeitgerecht, ausreichend, zuverlässig und wirtschaftlich durchzuführen, und am Ende des Brennstoffzyklus ausreichende Möglichkeiten für die Lagerung verbrauchter Brennelemente und radioaktiver Abfälle zu gewährleisten.